À la recherche de l'intelligence perdue

À la recherche de l'intelligence perdue

Guillaume Brunet, Lorraine Gaudreau, Agathe Riverin

Universitas

Montréal

Presses Universitas
Montréal

U

www.universitaspress.com

Première impression : février 2017

Catalogage avant publication de Bibliothèque et Archives Canada

Brunet, Guillaume, 1986-, auteur
    À la recherche de l'intelligence perdue / Guillaume Brunet,
Lorraine Gaudreau, Agathe Riverin.

ISBN 978-0-9950291-6-3 (couverture souple)

    1. Conflit interpersonnel. 2. Conflit interpersonnel au travail.
3. Gestion des conflits. I. Gaudreau, Lorraine, 1959-, auteur II.
Riverin, Agathe, auteur III. Titre.

HM1126.B78 2017   303.6   C2017-900516-2

Imprimé par Ingram

Table des matières

__Note explicative__ : les concepts illustrés dans les diverses situations vécues par les personnages sont indiqués par des chiffres entre parenthèses. La référence à ces concepts se trouve à la fin du livre.

PRÉFACE

Cet ouvrage, offert sous un format dynamique, va droit au cœur de ce qui produit et nourrit les tensions entre personnes qui travaillent de près dans une même organisation. Afin que ces tensions ne dégénèrent pas en conflits irrésolubles, les auteurs accompagnent ceux et celles dont les premières perceptions, ou leurs connaissances des uns et des autres, leur rendent, du moins pour un temps donné, la vie difficile dans l'exercice de leur rôle au travail. Leur accompagnement est discret, subtil, engageant. L'intrigue est rapidement installée et nourrit la curiosité tout au long de la lecture du livre. Celui-ci se lit en deux ou trois heures, à moins de se mettre à réfléchir à des situations de sa propre vie au travail, à la maison ou dans son couple.

À travers les chapitres, se manifeste un savoir pratique, élégant et sans prétention, appuyé sur un savoir savant, mais offert avec grande simplicité. Qui plus est, un savoir pratique, construit à travers des années d'aide à la résolution de conflits, reflétant la grande capacité des auteurs à imaginer des façons innovantes de « faire passer le message » en sollicitant l'émotion et l'action, mais surtout l'intelligence des personnes ayant participé à leurs sessions de formation. Cette fois, ils se tournent vers les nouvelles affordances du numérique, notamment une application où ils font agir un personnage virtuel qui étonne par ses propos directs, mais aussi par une certaine capacité à lire entre les lignes (d'un texto), ce qui laisse entrevoir la sagesse pratique dont font preuve ceux qui l'ont imaginé.

En tant que praticienne-chercheure en éducation, qui a mis sa formation en psychologie des groupes et des organisations au service notamment de l'apprentissage en salle de classe ou en communauté de pratique, acquise aux usages des technologies et des ressources numériques pour faire apprendre, j'ai savouré cet ouvrage.

Thérèse Laferrière,

Professeure titulaire,

Faculté des sciences de l'éducation,

Université Laval

Être ou ne pas être intelligent : telle est la question.

Nous vivons ou avons déjà vécu un conflit. Le dénouement nous a laissé un goût amer. Pourquoi ? Comment aurions-nous pu arriver à un résultat différent, plus satisfaisant ?

Un conflit fait mal sur le coup ; s'il perdure, il crée des dommages et affecte notre qualité de vie et celle de notre entourage, d'où l'intérêt de le régler rapidement et de nous sentir bien, mieux, soulagé, voire même « fiers de nous ».

La technique proposée dans ce livre amène à développer **un réflexe social**, celui d'utiliser notre intelligence pour avoir accès à celle de l'autre. Ainsi, ensemble, nous devenons disponibles à chercher une solution qui servira le but ultime visé par chacun de nous.

Et c'est alors que nous pouvons constater le potentiel de « créativité » de nos deux intelligences, car la solution risque d'être toute autre que celle que nous avions imaginée de part et d'autre.

Il nous apparait important d'aviser que ce livre ne s'adresse pas aux personnes qui aiment le conflit. Eh oui, ça existe ! Nous savons tous qu'il y a des personnes qui installent des bombes, au sens propre et figuré pour avoir de l'attention, qui érigent des murs, au sens propre et figuré pour bloquer ceux qui sont différents, qui lancent des rumeurs, qui ont beaucoup de colère, etc.

Ce livre ne leur sera d'aucun secours. Par contre, ce petit bouquin sera bénéfique à toute personne qui vit mal avec le conflit et souhaite le résoudre au plus vite. Un conflit réglé, c'est une meilleure qualité de vie au travail, là où nous passons le tiers de notre vie, là où se joue aussi notre santé !

Être ou ne pas être intelligent : telle est la question. C'est une décision.

Les personnages

Ils ont un quotidien comme le nôtre. Ils vivent des hauts et des bas. Mais parce que ce livre traite d'une technique pour faciliter la résolution de conflits, ils commenceront par les bas, pour mieux atteindre les hauts.

Ils travaillent tous au siège social du Groupe financier ARA ou pour un de ses centres financiers, sauf Normand et Jos.

- Jeannine : professionnelle en communication d'expérience est la conjointe de Normand, un agriculteur passionné, spécialisé en agrobiologie.

- Émile : directeur de comptes dans un centre financier. Compétent, peu habile en communication, conjoint de Danièle, une professionnelle en conception de produit... perfectionniste.

- Marc : directeur de comptes, jeune et ambitieux, en couple avec Isabelle, professionnelle en technologie de l'information... perfectionniste.

- Sophie : professionnelle en communication, quelque peu arrogante. Elle est la sœur de Marc.

Ils vivent des conflits dans lesquels d'autres acteurs jouent des rôles parfois importants, parfois secondaires : Joseph Plante, Jérôme Patry, Geneviève Huard, Justine St-Germain, Marie Perreault, Armand Auger et un personnage virtuel, créé par Joseph Plante.

Chapitre 1

Réalité... parfois déformée

Jeannine Picard: conseillère principale à la direction des Communications au Groupe financier ARA.

Elle et sa nouvelle collègue, Sophie Auger, ont une vision divergente de la façon de faire des communications en entreprise.

15 février, minuit, trente-sept secondes

L'insomnie débarque dans la vie de Jeannine

Jeannine sirotait une tisane au citron, incapable de dormir. L'altercation du vendredi avec sa jeune collègue Sophie lui avait pourri sa fin de semaine et l'idée de retourner au bureau lui était si désagréable qu'elle en avait presque la nausée. (1)

Mais que lui arrivait-il ? Elle, toujours si en contrôle. Comment Sophie arrivait-elle à la faire sortir de ses gonds aussi rapidement ? (8)

Dix-huit ans dans une entreprise à trimer dur pour apprendre son métier, Jeannine n'en avait pas moins acquis une grande crédibilité et chaque fois qu'un projet d'envergure était mis de l'avant, on faisait appel à ses services.

Habile, stratège et guidée par le discernement et le gros bon sens, Jeannine faisait quasi l'unanimité auprès des gestionnaires de tous les niveaux.

Puis, voilà que l'arrivée d'une jeune diplômée venait changer la donne. (3)

Elle n'en avait parlé à personne et surtout pas à Normand. Une insomniaque dans un couple, c'était suffisant. Sa tisane terminée, elle prit un somnifère et une décision : celle de parler à Justine, sa gestionnaire, dès le lendemain matin.

3

Retournant se coucher, elle passa devant une psyché, miroir antique que Normand avait trouvé au bord du chemin et qu'il avait laissé trainer sur le bord de la porte du salon. Normand était collectionneur d'antiquités de toutes sortes et leur maison en était encombrée. Mais Jeannine le laissait aller dans cette passion qui l'avait charmée 20 ans plus tôt.

Comme tout miroir ancien, le reflet projeté était déformé. Cependant, au moment où Jeannine eut une pensée pour sa collègue, sa propre déformation la troubla. L'effet du somnifère, sans doute.

Il y avait aussi une inscription au bas du miroir. Mais elle aurait eu besoin de ses lunettes pour la lire. Elle secoua la tête puis retourna se coucher en se disant qu'elle devait parler aussi à son médecin pour changer la dose de ses somnifères. Puis elle tomba dans un sommeil profond.

Normand Simard : agriculteur spécialisé en agrobiologie, rencontre son directeur de comptes dans un centre financier du Groupe financier ARA. Le moyen de financement est une source de mésentente entre eux.

Le cœur de Normand a ses raisons que sa raison ignore

> *« Avant que de nous battre, messieurs,*
> *il est un point qu'il est bon de débattre. »*
> **Collin d'Harleville**

Normand se demandait où il allait placer l'un des deux miroirs sur pied qu'il avait trouvés sur le bord du chemin. Deux miroirs antiques laissés là par son voisin. Une trouvaille inespérée pour Normand.

Depuis des années, il cherchait ce genre de miroir, souvenir d'une rencontre qui avait changé sa vie. Normand était aux oiseaux ce matin-là !

Il avait décidé de garder l'un des deux miroirs et de donner l'autre à son directeur de comptes, Émile Grenier, non pas comme pot de vin, mais bien parce qu'il savait que ce dernier était collectionneur d'objets antiques comme lui.

En fait, Émile et Normand s'étaient toujours bien entendus jusqu'à tout récemment. Ce dernier ne comprenait pas l'entêtement d'Émile. Il aurait dû simplement lui faire confiance. Il avait un dossier de crédit sans reproche, ou presque !

Mais Émile peut être si procédurier, avait lâché Normand à Jeannine en relatant leur rencontre du jeudi précédent. *Il joue le livre sans considérer notre réalité. J'ai beau lui démontrer tous les avantages d'avoir un lopin de terre juste à côté de notre ferme ; il reste aussi souple qu'un madrier et me revient toujours avec la rentabilité de la transaction et ma capacité de rembourser,* ajouta-t-il en soupirant.

Une bonne discussion entre hommes s'imposait ; il finirait bien par obtenir cette marge de crédit. Il en avait besoin.

Au moment où Normand eut cette pensée, l'image déformée que lui renvoya le miroir le surprit. De plus, il découvrit qu'une même inscription se trouvait au bas des deux miroirs.

Mais il était pressé ; il ne s'y attarda pas davantage. Il chargea le second miroir dans la voiture et se rendit en ville pour rencontrer Émile tel que prévu.

Émile Grenier, directeur de comptes dans un centre financier du Groupe financier ARA, vit un désaccord avec son nouveau collègue Marc Auger. Il est tourmenté au point d'être maladroit, ce qui ne lui ressemble pas.

Émile : flexible comme un chêne

« Je ne sais ce qu'est la vie d'un coquin, je ne l'ai jamais été ;
mais celle d'un honnête homme est abominable. »
Joseph de Maistre

Émile Grenier était de mauvais poil. Quelle journée !
La rencontre avec Normand Simard se déroulait plutôt
bien jusqu'au moment où il mit sur la table les sujets de
« rentabilité » et de capacité de rembourser.

En fait, pour Émile, Normand n'était pas raisonnable et
son idée d'avoir une marge de crédit pour acheter une
terre était ridicule ; c'était d'un prêt à long terme dont il
avait besoin.

Normand n'y connaissait rien en matière de
financement, mais il ne voulait rien entendre. Et Émile
avait le devoir de bien le conseiller.

C'est donc furieux que ce jour-là, Normand avait quitté
son bureau en lui lançant qu'il espérait qu'il finirait
par faire comme le miroir qu'il lui laissait, c'est-à-dire
« *réfléchir* ».

Pauvre Émile... Toute sa journée avait continué d'être
chaotique. La vidéoconférence avec son collègue Marc,
au sujet de la façon de rencontrer les clients, s'était
terminée en queue de poisson, chacun étant resté sur sa
position.

Et là où Émile avait perdu les pédales c'est lorsque Marc l'avait traité de « vieux jeu ». Il était devenu sourd à tous les autres arguments de Marc. (2)

Émile et Marc étaient nouvellement collègues depuis la fusion de leurs deux points de services. Marc ne jurait que par les nouvelles technologies pour rencontrer les clients. Le *virtuel* pouvait, selon lui, permettre des économies de temps et d'argent et donc de l'efficacité.

Émile, lui, c'était les rencontres en personne. Ses raisons étaient tout aussi éloquentes que celles de Marc. Un sujet d'apparence anodine qui avait muté en un conflit ouvert entre les deux nouveaux collègues.

Fatigué et vexé, Émile s'apprêtait à quitter le bureau quand, passant devant le miroir laissé par Normand, il fut quelque peu déconcerté par l'image déformée que celui-ci lui renvoyait.

C'est la fatigue, se dit-il en abaissant son regard vers l'inscription illisible au bas du miroir. Il gratta légèrement l'inscription pour mieux comprendre, mais sans succès. N'y accordant pas plus d'importance, il apporta le miroir à la maison.

En le déposant au bord de la porte de son salon, il trouva Danièle en larmes. Cette dernière s'était disputée avec sa collègue. Elles avaient toutes les deux une maladie commune : *le perfectionnisme*... ou le professionnalisme quelque peu excessif parfois !

Émile avait eu son lot de conflits dans la journée et la seule chose qu'il trouva à dire à Danièle fut : *va prendre ta douche, je vais préparer le souper.* (7)

Danièle ne se laissa pas prier ; elle n'avait que les dernières phrases acerbes d'Isabelle en tête lorsqu'elle passa devant le miroir. *Quel reflet*, pensa-t-elle.

Embarrassée, elle baissa le regard... et aperçut une inscription au bas du miroir. Un peu déstabilisée par la vision qu'elle venait d'avoir, elle n'essaya pas de comprendre et monta rapidement prendre une douche.

Marc Auger, directeur de comptes dans un centre financier du Groupe financier ARA. Il se vide le cœur avec sa petite amie Isabelle, quant au conflit avec son collègue Émile Grenier. Il le considère vieux jeu, mais il n'avait pas à le lui dire !

Marc sait tout sur tout

> *« Nous ne trouvons guère de gens de bon sens*
> *que ceux qui sont de notre avis. »*
> **La Rochefoucauld**

Sans enthousiasme, Marc s'installait dans son nouvel appartement. Il avait enfin réussi à vider la maison paternelle dont il avait hérité à la mort de sa mère. Il ne lui restait plus qu'un lopin de terre dont se départir.

Sa mère avait conservé cette maison et avait fait exploiter la terre par un voisin. S'occuper d'une terre était trop exigeant pour elle seule et à la mort de son mari, elle avait emménagé dans un appartement, avec ses deux enfants.

En vidant la maison, Marc avait trouvé plein d'antiquités dans le grenier, notamment une collection de miroirs sur pied. Il en avait gardé un pour lui et s'était débarrassé des autres en *les mettant au chemin*, sachant qu'ils feraient sans doute le bonheur des collectionneurs d'antiquités.

Quelques heures plus tard, il n'y avait plus rien. En véritables vautours, les collectionneurs s'étaient rabattus sur les vieilleries.

Les derniers mois avaient été plutôt tumultueux pour Marc : la mort de sa mère, la vente de la maison et de la terre en parcelles, vider l'appartement de sa mère, le déménagement, une nouvelle petite amie et finalement, la fusion de son centre financier avec l'autre de la municipalité voisine.

Chaque soir, après un entrainement digne d'un athlète olympique, il s'attelait, soit à la peinture d'une des pièces de son appartement, soit aux nombreuses boîtes à vider. Son jeune âge lui permettait de tenir ce rythme.

Toutefois, l'épuisement commençait à se faire sentir et ça ne prenait pas grand-chose pour que son irritabilité ou son manque de diplomatie surgissent. (8)

Traiter de *vieux jeu* un nouveau collègue fut un bel exemple ! Cependant, même s'il avait l'impression d'avoir eu le dessus sur son collègue, ce soir-là, il n'était pas très fier. (2)

Bien qu'orgueilleux, il n'était pas dépourvu de sens critique. Il devait admettre que même si Émile était un *dinosaure* sur le plan technologique, cela ne l'empêchait pas d'être très « performant » en affaires. Émile conservait sa clientèle et ramenait de nouvelles affaires de façon régulière.

Marc ruminait toutes ses pensées lorsque sa nouvelle petite amie, Isabelle, arriva. Hors d'elle, elle lui déballa la conversation qu'elle avait eue avec une collègue de bureau.

Je n'en peux plus. Elle est incapable de prendre des risques et on n'aboutit à rien. Il faut qu'on se vérifie et contre-vérifie avec tout ce qui bouge dans l'entreprise.

Et je te jure que si on réussissait à le faire, elle trouverait autre chose à vérifier, exprima Isabelle.

Marc n'avait pas encore mangé. Il proposa à Isabelle de poursuivre leur conversation au restaurant. Il avait aussi eu une journée moche et sentait le besoin d'en parler. Passant devant le miroir, ils pouffèrent de rire. Ils étaient étrangement déformés.

À leur retour à l'appartement, tous les deux évitèrent de se regarder dans le miroir, mais Isabelle remarqua qu'il y avait une inscription au bas du miroir.

Qu'est-ce que c'est ? questionna Isabelle.

Ah... mon père apposait des signatures originales aux meubles qu'il restaurait et il aimait entretenir le mystère, répondit Marc.

Isabelle haussa les épaules. Ce n'était pas vraiment important.

Sophie Auger, professionnelle à la direction des Communications du Groupe financier ARA. Elle raconte à son frère Marc le conflit qu'elle vit avec sa collègue Jeannine. Elle la considère vraiment dépassée.

Dans les yeux de Sophie, âgé rime avec périmé

> « *Œil pour œil, est une loi qui finira par rendre le monde aveugle.* »
> **Gandhi**

Sophie utilisa une application web pour joindre virtuellement son frère Marc. Elle avait besoin de parler à quelqu'un. Sa fin de semaine avait été pénible et elle appréhendait son retour au bureau.

Trois mois dans ce nouvel emploi, tout allait bien et voilà que depuis quelque temps, un début de conflit avec une collègue se dessinait. *Une vieille qui résiste au changement, qui gère les communications dans l'entreprise comme ça se faisait il y a 50 ans,* lança Sophie à Marc.

Marc la comprenait tellement. Il vivait quelque chose de semblable avec un nouveau collègue qui ne s'était pas encore rendu compte que *la technologie avait changé le monde,* selon lui !

Tous les deux se confortaient dans leur position jusqu'à ce que le regard de Sophie fut attiré par quelque chose derrière Marc. Elle lui demanda : *qu'est-ce qu'il y a derrière toi ?* Marc se retourna. Il se vit encore déformé.

19

En approchant la caméra du miroir pour le faire voir de plus près à Sophie, il lui dit qu'il avait trouvé une collection de miroirs dans le grenier de la maison paternelle. Il avait donné les autres et en avait conservé un.

Sophie ne disait plus rien. Elle n'aimait pas l'image déformée que lui reflétait ce miroir.

Qu'est-ce qui est écrit au bas du miroir, demanda-t-elle ? *Je ne sais pas*, répondit Marc ; *c'est trop petit.*

Il déforme vraiment beaucoup hein, ajouta-t-elle.

Oh oui, répondit-il !

Ils se souhaitèrent bonne nuit.

Sophie ne s'endormit que beaucoup plus tard. Le conflit avec sa collègue la dérangeait un peu, beaucoup trop en fait. Mais elle n'était pas dans son état normal. Tout comme pour Marc, sa mère lui manquait à elle aussi. (1)

Geneviève Huard : Au secours !

Aux prises avec d'importants problèmes de productivité, Geneviève Huard, la directrice du service à la clientèle du Groupe financier ARA avait eu recours aux services de Jeannine et de Sophie.

Geneviève était très consciente que ses employés pourraient fournir bien des éléments de solutions, mais il lui fallait un moyen simple de recueillir leurs idées. C'est alors qu'elle avait demandé à Justine, la directrice des communications, la permission de confier ce mandat à une de ses employés : Sophie.

Justine avait accepté mais à une condition : qu'une de ses employés plus expérimentée, Jeannine, soit dans le coup. Sophie, récemment sortie de l'université, amènerait sans doute des idées nouvelles, mais elle ne connaissait pas encore la culture de l'entreprise. L'expérience de Jeannine serait nécessaire.

Chapitre 2 :

Effets négatifs d'une déformation
qui s'accroche

Jeannine : l'embarras de faux choix

> *« Prenez garde à la tristesse. C'est un vice,*
> *on prend plaisir à être chagrin et,*
> *quand le chagrin est passé, comme on y a usé*
> *des forces précieuses, on en reste abruti. »*
> **Flaubert**

En route vers le bureau, Jeannine entendait en boucle, dans sa tête, la conversation qu'elle avait eue avec sa nouvelle collègue Sophie, le vendredi précédent, quant à la façon de faire des communications chez ARA :

Sophie, avec un léger mépris : *Pour moi, c'est clair que les employés de Geneviève ont eux-mêmes des idées pour améliorer la productivité ; ils sont les mieux placés pour ça ; mais ils n'ont pas de tribune pour en parler et pour en discuter ensemble. Il faut dire que vous n'êtes pas vraiment moderne dans vos moyens de communication.*

C'est pourquoi, je veux proposer à Geneviève de créer une plateforme de discussion virtuelle. Les employés vont pouvoir noter leurs besoins au fur et à mesure, ils vont mieux communiquer entre eux, ils vont pouvoir partager des expériences et les solutions qu'ils ont trouvées.

Jeannine, piquée par le ton et les propos de sa collègue : *WO minute ! Le virtuel, je ne suis pas certaine que ce soit une bonne idée quand il y a des* *problèmes de productivité. La communication « face à face » a toujours eu la cote en matière d'efficacité !*

Sophie contre-attaque : *Voyons ! Tout le monde est rendu sur le virtuel, même les personnes âgées. Et dans mes cours, on a appris comment s'en servir efficacement !*

Jeannine, irritée : *Bien moi je ne suis pas rendue là, je ne veux rien savoir de ça et je suis certaine que dans le groupe de Geneviève, il y a des personnes comme moi. Et si tous les employés se mettent à perdre du temps là-dessus : ça risque simplement d'aggraver le problème de productivité.*

Sophie, maintenant fâchée : *Moi, je pense que tu parles à travers ton chapeau...*

Etc. etc. etc.

Un crissement de pneus ramena Jeannine à la réalité ; elle venait de brûler un feu rouge. L'insolence de sa jeune collègue la mettait dans un état émotif démesuré.

Ce ton de la « jeunesse qui sait tout » avait heurté Jeannine. De plus, elle s'était sentie jugée quand Sophie avait dit : *Il faut dire que vous n'êtes pas vraiment moderne dans vos moyens de communication.*

Avant de provoquer un véritable accident, il lui fallait se changer les idées.

Elle ouvrit la radio et se concentra sur la conversation de l'animateur et son invité, Joseph Plante, neurophysiologiste à la retraite, à qui on demandait régulièrement de commenter les résultats, toujours actuels, d'un projet de recherche qu'il avait fait plusieurs années auparavant.

Jeannine connaissait Joseph Plante, Jos l'antiquaire comme on l'appelait, et en temps normal, le sujet traité l'aurait captivée. Mais pas ce matin-là. Elle n'arrivait pas à se concentrer et elle en avait marre. Il faut savoir que, depuis quelques jours, toutes ses pensées étaient liées au conflit qu'elle vivait avec Sophie.

Il fallait faire quelque chose. Mais quoi ?
1) Prendre des vacances... maintenant ! (7)
2) Lâcher prise et laisser à Sophie le mandat pour l'équipe de Geneviève Huard.

Elle savait pertinemment que, pour elle, le deuxième choix n'en était pas un. Sa réputation de *professionnelle qui livre toujours, avec qualité et créativité* était en jeu. Elle avait mis des années à la construire.

Restait le choix de prendre des vacances ! Mais encore là, cela signifiait qu'elle laisserait tomber Geneviève. Elle ne se sentait pas capable de faire ça. De plus, sa gestionnaire, Justine, comptait sur elle.

Avait-elle un autre choix ? Oui ! Parler à nouveau à sa collègue et tenter de trouver un terrain d'entente. (9) Au moment où elle pensait à cette possibilité, tout à coup, sans raison apparente, l'inscription au bas du miroir antique revint à son esprit. Pourquoi ?

Elle n'eut pas le temps de trouver la réponse. En ouvrant la porte du bureau, elle vit Sophie dans le corridor, qui discutait avec Geneviève Huard. Elle sentit un mélange de colère et de tristesse monter en elle. (10)

27

Émile : l'insoutenable lourdeur des responsabilités

Ce matin, le café d'Émile était amer, ses rôties trop brulées... Et que dire de l'intensité de ce mal de bloc. Sa femme Danièle et lui avaient finalement bu presque deux bouteilles de vin la veille ; chacun d'eux s'était vidé le cœur... au même rythme que de nombreux verres. *Gros lundi, petite semaine*, espéra-t-il !

Mais l'alcool n'avait pas emporté l'amertume laissée par sa rencontre avec son client Normand quant à l'achat du lopin de terre. Émile le considérait avec beaucoup de respect. Il avait du cœur au ventre. Les agriculteurs étaient des gens de cœur ; ce métier l'exigeait.

Malgré tout, il savait très bien que l'impulsif Normand pouvait se mettre dans le trouble. Il avait presque fait faillite quelques années auparavant. De plus, Émile était conscient que son centre financier ne prêterait pas une deuxième fois à Normand sans une étude de rentabilité et la certitude de sa capacité à rembourser.

Et de toute façon, lui-même ne pourrait jamais consentir un prêt sans faire cette étude. C'était son devoir de directeur de comptes.

Mais comment raisonner cette tête de mule ? Quand Normand voulait quelque chose, il devenait aussi rationnel et radical qu'un enfant de 3 ans ! (18)

Regardant l'heure, il laissa la moitié de son petit déjeuner sur le comptoir et enfila son veston. Son collègue Marc lui revint à l'esprit. Et au même rythme que les battements de son cœur, un boum boum de mal de bloc résonna dans sa tête.

Passant devant le miroir, il se vit encore déformé. *Beau cadeau*, pensa-t-il.

Il n'avait absolument pas le goût d'aller travailler, mais il était un homme de devoir. D'autres clients l'attendaient. D'autres l'appréciaient et il s'entendait généralement bien avec ses collègues.

Il tenta en vain de se concentrer sur ces dernières pensées : sans succès. Ses relations boiteuses avec Normand et son nouveau collègue Marc étaient trop préoccupantes pour lui ; elles minaient ses journées. (1)

Déconcentré, il se coinça la main en refermant la portière de sa voiture. Ce n'était pas son genre, lui, toujours aussi méthodique et prudent. Il soupira en pensant qu'il ne pourrait continuer ainsi.

Marc : trop c'est trop !

> « L›être humain comprend par lui-même,
> il ne s'agit que de lui donner les conditions
> idéales pour qu'il réfléchisse. »
> **Gandhi**

En décembre, à l'occasion de la fusion des deux points de services où travaillaient Marc et Émile, la haute direction avait offert une conférence à tous les employés, histoire d'aider à faire passer la pilule.

Une conférence intéressante pour certains et insipide pour d'autres, *les résistants au changement*, se plaisait à dire Marc. De son côté, il avait retenu plusieurs trucs lancés par le conférencier.

Le message principal de ce dernier, ancien athlète olympique, était aligné sur les bienfaits de l'activité physique en période de changement, notamment.

Marc, toujours un peu excessif, s'était donc remis à l'entrainement intensif plusieurs heures par jour : matin, midi et soir. Il jouait aussi au hockey deux soirs par semaine et planifiait du soccer au même rythme quand arriverait la belle saison.

Résultat, il se disait en forme et en même temps, il avait toujours mal partout : excès d'entrainement.

Ce matin, en joggant dans son nouveau quartier par un temps exceptionnellement chaud pour un mois de février, il évita de justesse un panneau installé sur le trottoir devant une boutique. *Antiquités futuristes !* Il sourit ! Quelle idée !

Il allait reprendre sa course quand le propriétaire de la boutique sortit et y installa à côté du panneau, un miroir sur pied, probablement un de ceux qu'il avait sorti du grenier de ses parents.

L'originalité de l'énoncé du panneau, *Antiquités futuristes*, allait de pair avec l'allure du propriétaire. Jos l'antiquaire affichait par son habillement et sa façon d'être, de bouger, un mélange de sage autochtone d'Amérique et d'Asie.

Sur la vitre du miroir, il écrivit ceci : **Regardez mais ne touchez pas** !

Curieux de savoir combien l'antiquaire demanderait pour le miroir, il s'en approcha. Il vit son reflet aussi déformé que la veille !

Il vous intéresse, demanda Jos ; *il n'est pas à vendre.*

Alors pourquoi l'installer à la porte ? questionna Marc.

Pour l'utilité d'un miroir : refléter, réfléchir, ressentir, à chacun son degré de vérité, selon son imagination, avisa Jos.

Ouf ! C'était trop compliqué pour Marc, ce matin.

32

Résistant au désir de lui dire que ce miroir venait du grenier de ses parents, il salua Jos et reprit sa course...

Jos le suivit du regard jusqu'à ce qu'il ne put plus le voir et entra dans sa boutique. Il se mit à fouiller dans des dossiers archivés dans son ordinateur.

Sophie : vouloir sans pouvoir

Sophie était arrivée très tôt au bureau ce matin-là. Elle voulait élaborer davantage le plan de communication à présenter à Geneviève Huard.

Geneviève avait été récemment nommée directrice du service à la clientèle chez ARA. Elle avait été pendant quelques années une conseillère en sécurité financière très performante et l'entreprise lui avait offert un poste de gestion. Une forme de reconnaissance de sa contribution au développement des affaires du groupe financier.

Sophie tenait un filon ; elle le sentait dans ses tripes et cela l'animait au plus haut point. La plateforme virtuelle de discussion amènerait de la nouveauté dans cette entreprise qui, selon elle, avait besoin d'être un peu *dépoussiérée*.

Malgré son jeune âge et le fait qu'elle venait à peine d'être embauchée, elle affichait une « grande assurance », ce qui aurait pu laisser croire à un penchant carriériste.

En outre, son immaturité se faisait sentir dans le ton parfois intransigeant, parfois quasi méprisant, qu'elle prenait pour décrire certaines situations ou façons de faire dans cette entreprise.

Sophie inconsciemment était souvent insolente, arrogante même.

Elle entendit la voix de Geneviève Huard. Cette dernière discutait amicalement avec Justine St-Germain, la gestionnaire de Sophie et Jeannine.

Sophie se leva d'un bond et dit à Geneviève : *J'ai eu une idée de génie. J'ai tellement hâte de te la présenter.* La jeune directrice arborant un large sourire répondit : *Ah oui ! Qu'est-ce que c'est ? As-tu le temps de prendre un café ?*

Justine St-Germain, en bonne gestionnaire, responsable du climat dans son équipe, rappela à Sophie l'importance de travailler ce projet avec Jeannine.

Sophie se rembrunit. Emballée par son idée pour l'équipe de Geneviève, elle avait oublié Jeannine qui, d'ailleurs, venait de se pointer dans le corridor.

Je dois d'abord en parler à Jeannine et on va te présenter le plan et mon idée très bientôt, répondit-elle à Geneviève.

Puis, retournant à son bureau, elle vit un message dans l'écran de son ordinateur : une petite enveloppe annonçant un message de son frère Marc dont l'objet était : *Je capote !*

Le message contenait une photo. Un ego portrait de lui, devant le miroir de l'antiquaire. Bon, c'était un « selfie » ordinaire. Pourquoi « capotait-il » ?

Danièle Cadrin, professionnelle en conception de produits au Groupe financier ARA, vit un conflit avec une collègue. Elle se remet en question sur son degré de perfectionnismme.

Danièle et Isabelle : professionnalisme ou perfectionnisme ?

*« Le projet le mieux conçu se heurte
à des résistances qui le font souvent échouer. »*
Jean-Paul Sartre

Le Groupe financier ARA avait consacré énormément d'énergie et d'argent depuis quelques temps à la création d'un produit innovateur qui damerait le pion à la concurrence. Il fallait le lancer cette année sans faute.

Ce n'est pas pour rien que la haute direction d'ARA avait confié la gestion de ce projet à nul autre que Jérôme Patry.

Jérôme s'était alors entouré des meilleurs employés de chacun des secteurs concernés. Le fait qu'une date de tombée soit annoncée pour le lancement du produit mettrait beaucoup de pression sur les membres de l'équipe, Jérôme le savait.

D'ailleurs, cette tension devenait palpable chez Isabelle et Danièle. Et ce matin du 16 février chacune à leur bureau, elles préparaient leur présentation de l'avancement des travaux dans leur domaine respectif.

Danièle avait la bouche pâteuse et une percussion abrutissante de boum boum dans sa tête. Abus d'alcool et mal de bloc ! Mais, même si elle n'était pas au meilleur de sa forme, ses raisons pour retarder le lancement du nouveau produit étaient, selon elle, en béton. Elle était très confiante.

Quant à Isabelle, elle était encore fâchée. Mais elle avait « l'argument » qu'il fallait pour que Jérôme penche de son côté.

Isabelle était reconnue pour sa rigueur quant aux échéances et elle comptait bien garder cette réputation. Et dans son cas, c'était plus que de l'orgueil. Respecter les dates de livraison, tout comme être ponctuelle, etc. était quasi viscéral.

Percevant cette tension entre les deux femmes dès leur arrivée à la rencontre statutaire, Jérôme décida de commencer le tour de table par les autres membres de l'équipe. Il finirait avec Danièle et Isabelle.

Tout se déroulait dans les règles de l'art, chacun présentant l'avancement de leurs travaux respectifs. Il donna alors la parole à Danièle.

Cette dernière surpris tout le monde. Le produit avait encore besoin d'être testé et ne pourrait être lancé à la date prévue.

Avant qu'elle ne réussisse à dire pourquoi, Isabelle voulut intervenir, mais Jérôme lui demanda de laisser Danièle parler.

J'en ai ras le bol ! lâcha Isabelle en ramassant ses papiers. *Quand la haute direction saura qu'on ne livre pas à la date prévue, vous m'en reparlerez,* prévint-elle en claquant la porte. (7)

Jérôme décida d'ajourner la réunion en disant à tous qu'il convoquerait une nouvelle rencontre très prochainement pour faire le point sur la situation. D'ici là, il demanda à tous de continuer leurs travaux.

Danièle tenta de lui parler, mais il l'en empêcha. *Plus tard*, dit-il. (18)

Isabelle était en larmes... de rage et d'orgueil. Incapable de retourner à son bureau, elle décida de prendre congé.

En ce qui concerne Danièle, elle avait beaucoup de travail et même si elle avait le goût de partir elle aussi, elle n'en fit rien. Arrivant à son bureau, le voyant de son téléphone clignotait. C'était Émile. Il venait de recevoir une menace de Normand...

À ce moment même, sans savoir pourquoi, Danièle repensa à la vision déformée que lui avait reflétée le miroir. Puis, ayant une tendance à l'introspection, elle se remit en question. Était-elle à ce point perfectionniste ? Au point de ne jamais aboutir ? (5)

Isabelle Provencher, professionnelle en technologie de l'information au Groupe financier ARA, vit un conflit avec une collègue. Elle ne jure que par le respect des échéanciers.

Normand : impulsivité, quand tu me tiens !

« les seuls démons de ce monde
sont dans notre cœur et c'est là
que doivent se livrer tous nos combats. »
Gandhi

Normand sirotait son café en contemplant la parcelle de terre de son voisin qui était à vendre. Tout à coup plus nerveux. Il laissa un message à Émile :

> Écoute Émile, j'ai bien l'intention d'acheter cette terre. J'en ai besoin. L'encan est dans moins de deux semaines et si jamais tu ne veux pas m'accorder ma marge de crédit, je vais aller en chercher une ailleurs. J'attends de tes nouvelles rapidement ! (11)

Il pensait diminuer son stress en laissant cette menace à Émile. Au contraire ; il était encore plus tendu. Un mélange d'émotion trottait dans sa tête. D'une part, il avait peur de manquer sa chance à l'encan s'il n'avait pas l'argent.

D'autre part, une petite voix dans sa tête lui disait qu'Émile avait peut-être raison. Une chose était certaine, sans lui il y a quelques années, il aurait fait faillite.

Passant devant le miroir pour retourner à la cuisine, il vit son reflet... toujours aussi déformé et dérangeant. Il sortit prendre l'air !

Chapitre 3 :

L'inconscient, cet espiègle !

Marc : rien ne va plus

On se serait cru au printemps. À certains endroits au pays, les perce-neiges commençaient à montrer le bout de leur nez... en plein mois de février !

Très essoufflé par un jogging intense, Marc s'était arrêté à la boutique d'antiquités et discutait à nouveau avec Jos. Curieusement, ce dernier était à l'intérieur du miroir !

Il se moquait carrément de Marc : *Quoi ? Un miroir hanté ! T'es dingue ! Ton surentrainement a des effets négatifs sur ton corps, mais aussi ta cervelle. Il fait simplement sa job mon miroir ! Il réfléchit et reflète. Ce que tu ressens ou ce que tu y vois t'appartient !*

Puis, Jos l'antiquaire disparut du miroir et laissa la place à son collègue Émile. Marc était abasourdi et de plus en plus confus.

En effet, Émile, connu comme un dinosaure en informatique, utilisait une nouvelle technologie pour discuter, à distance, avec sa sœur Sophie et sa petite amie Isabelle.

Mais depuis quand Sophie et Isabelle connaissaient-elles Émile ? Et depuis quand Émile était-il à l'aise avec la technologie ? Marc n'en croyait pas ses yeux !

Il s'approcha pour écouter leur conversation. Émile leur disait : *est-ce qu'on est d'accord qu'un patrimoine durement gagné nécessite de l'investissement de temps et de réflexion pour le gérer correctement ?* (17)

Sophie et Isabelle acquiescèrent comme si c'était une évidence ! (12)

Merci les filles pour votre solidarité, se dit Marc ! *Ça m'apprendra à me confier !*

Émile ajouta : *est-ce qu'on est d'accord qu'un lien de confiance doit être créé entre le client et le professionnel qui va s'occuper de la rentabilité de ses opérations ?* (17)

Évidemment, répondit Sophie. (12)

Marc était estomaqué. Il voulut intervenir dans la conversation entre Émile et Sophie ; il allait lui rappeler les propos qu'elle lui avait tenus la soirée précédente :

> *la vieille qui résiste au changement, qui gère les communications dans l'entreprise comme ça se faisait il y a 50 ans.*

Mais il n'eut pas le temps, Émile parlait maintenant avec Isabelle, et Sophie avait disparu du reflet.

Marc ne connaissait Isabelle que depuis quelques mois. Un coup de foudre ! Pour lui en tout cas. En bon excessif qu'il était, il se voyait déjà vivre avec elle, avoir des enfants, beaucoup d'enfants. Mais là... il n'en était plus certain.

Pourquoi ne lui avait-elle pas dit qu'elle connaissait Émile lorsqu'il lui avait raconté leur difficile rencontre ?

Et maintenant, qu'est-ce qu'Émile était en train de lui raconter : *es-tu d'accord avec moi que la haute direction d'un centre financier veut un développement d'affaires solide et à long terme avec ses clients ?* (17)

Bien oui Émile, tu as tout à fait raison, répondit Isabelle. (12)

Ne vous gênez pas, dit Marc, *faites comme si je n'étais pas là !*

Puis, Jos l'antiquaire réapparut dans le miroir et lui lança en riant : *Il t'en bouche un coin le **vieux ... jeu !** Ah ah ah !*

Marc décida de se sauver à la course. Arrivée au coin de la rue, se sentant suivi... il se retourna : Jos l'antiquaire, Émile, Isabelle et Sophie couraient derrière lui en scandant, en chœur les lettres : R I P.

Il se souvint que c'était les trois lettres lisibles qui se trouvaient dans l'inscription au bas du miroir, puis, tout disparut !

Normand : surdité bizarre

De retour d'une longue marche sur sa terre, Normand toujours préoccupé par l'encan qui approchait à grand pas s'ouvrit une bière et commença à écouter un reportage à la télé communautaire. On présentait la boutique de son ami, Jos l'antiquaire. Ce dernier avait un don.

Il attirait les objets rares et anciens, ce qui avait toujours fasciné Normand. Jos ou plutôt Joseph Plante avait été neurophysiologiste et avait touché à bien d'autres domaines. Pas banal comme personnage.

L'entrevue se déroulait d'abord à l'extérieur du commerce et Normand remarqua le miroir à côté du panneau annonçant *Antiquités futuristes*. C'était un miroir semblable à celui qu'il avait donné Émile.

L'interviewer demanda à Jos : *est-ce ce genre de miroir qu'on appelle psyché ?* Jos acquiesça et ajouta *: il n'est pas à vendre.*

Et pourquoi? questionna le journaliste.

Jos répondit par sa mystérieuse et célèbre phrase : *Refléter, réfléchir, ressentir, à chacun son degré de vérité, selon son imagination.*

Puis, un trait de lumière jaillit du miroir, aspirant le journaliste et l'antiquaire à l'intérieur. Jos et le journaliste poursuivaient l'entrevue en marchant sur le chemin qui menait à la terre convoitée par Normand.

Excité, Normand se leva d'un bond et cria à Jeannine pour qu'elle vienne voir le documentaire.

Il monta le son et vit Émile qui arpentait la terre. Jos et le journaliste n'étaient plus là ! Émile faisait des calculs. Dans le miroir, on vit apparaitre une équation bizarre :

Prêt = Rentabilité / Capacité de rembourser

Interloqué, Normand tenta de monter le son encore. Plus rien ! L'équation disparut et les lettres R I P se mirent à clignoter au rythme de son battement cardiaque.

Sophie : le souffle coupé

Il était tard et Sophie, encore au bureau, décida de prendre le bus pour rentrer. Elle avait été convoquée en réunion pour un nouveau projet ; elle n'aurait pas à côtoyer Jeannine pour quelque temps et elle s'en portait mieux.

Passant devant la boutique *Antiquités futuristes*, elle se rappela la photo que Marc lui avait envoyée. Pourquoi était-il si ébranlé ?

Elle sortit sa tablette et examina la photo. En la grossissant, elle remarqua quelque chose de spécial dans le coin du miroir. Comme une caméra cachée !

Est-ce que l'antiquaire s'amusait à prendre des clichés de ses clients. Était-ce bien ce qui avait fait « capoter » son frère ?

Elle grossit encore davantage et se vit elle-même dans la caméra. Puis, elle vit Jeannine... Jeannine qui tentait de s'inscrire sur une plateforme virtuelle, sans succès.

Jeannine se tourna vers Sophie, celle qui était dans la caméra et lui dit : *Je n'y comprends rien.* Et Sophie lui répondait : *C'est parce que tu es vieille* ! Puis Jeannine ajouta : *peu importe, il n'y a pas qu'un seul moyen pour améliorer la productivité dans l'équipe de Geneviève.*

Son reflet ne sut quoi répondre à Jeannine. Puis, l'image de Jeannine disparut et ce fut le visage de la mère de Sophie qui prit sa place. Elle prononçait les lettres R I P, ces trois lettres lisibles dans l'inscription au bas du miroir. Sophie en eut tout à coup le souffle coupé...

Jeannine : éberluée

Heureusement pour Jeannine, la directrice du service à la clientèle, Geneviève Huard devait mettre la priorité sur un nouveau projet, reléguant ainsi le problème de productivité de son secteur au second plan. La présentation du plan de communication était donc retardée. Moment de répit bienvenu.

Mais Jeannine restait démotivée. Était-elle en train de craquer ? Elle ne se sentait plus « performante ». Elle était parfois cynique ; elle critiquait beaucoup. Elle avait l'impression qu'elle n'était plus autant appréciée de sa gestionnaire Justine et de ses clients à l'interne.

Était-ce seulement l'arrivée de Sophie dans son secteur ? Était-elle vraiment trop âgée pour le métier qu'elle faisait ? Était-ce l'inquiétude liée aux récents problèmes cardiaques de Normand ? *Un psychologue me serait peut-être utile*, pensa-t-elle.

Plus tard ! Pour le moment, une pause au salon en compagnie de Mozart et un petit verre de vin s'imposait ; c'était son remède préféré à ses épisodes de déprime.

Elle s'installa devant le miroir antique, ferma les yeux et provoqua consciemment le souvenir de sa rencontre avec Normand.

Elle n'était pas aussi impulsive que lui, mais il lui arrivait de faire des choses sur un coup de tête. L'achat de son billet d'avion pour Vienne, trente ans plus tôt, faisait partie de ces petites folies intuitives qu'elle n'avait jamais regrettées.

Jeune et célibataire, elle avait vu une publicité dans une revue. *Une semaine à Vienne, visite de l'Opéra, de la cathédrale St-Étienne, le Prater et la plus vieille grande roue encore en activité, le château de Sissi et plus encore. Tout inclus : 2 499 $.*

C'était une fortune pour elle à l'époque, mais elle réserva quand même sa place.

C'est lors de ce voyage organisé pour célibataires qu'elle fit connaissance avec Normand. Ce dernier avait été attiré par la même publicité qu'elle et surtout, en passionné d'antiquités, par *la plus vieille grande roue encore en activité.*

La passion de Normand pour les antiquités, sa façon d'examiner les vieux objets, notamment les « psychés », avait charmé Jeannine. Elle se souvint des nombreuses questions qu'il avait posées. Il voulait tout savoir et plus.

Jeannine ouvrit les yeux et s'approcha du miroir. Tout comme la veille, celui-ci lui reflétait encore l'image d'une *Jeannine déformée.* Pourquoi ? Son attention fut attirée par autre chose... NON... ça ne se pouvait pas ! Elle avait la berlue !

Sophie parlait à la Jeannine translucide :

54

- *Pourquoi pas le virtuel ?* lui disait Sophie.

- *Parce que je ne connais pas ça,* répondit son reflet.

- *Mais on sait que l'équipe de Geneviève est surtout composée de jeunes, qui sont habitués à utiliser les réseaux sociaux. Et on sait pertinemment qu'on a intérêt à travailler ensemble pour trouver des solutions à la situation de Geneviève,* disait Sophie. (4/14)

Une bulle au-dessus de la tête de la Jeannine translucide apparut : *Son ton m'énerve, mais elle a raison.* (18)

Le reflet de Jeannine devint de plus en plus confus ; il cherchait ses mots... il était simplement impertinent. Il parlait sans arrêt... jusqu'à épuisement !

Puis les lettres R I P qui étaient jusque-là translucides devinrent rouge foncé.

Isabelle : colère toxique

« Chacun appelle barbarie ce qui n'est pas de son usage. »
Montaigne

Ayant quitté brutalement la rencontre statutaire pour présenter l'avancement des travaux à Jérôme Landry, Isabelle, la rage au cœur et les larmes aux yeux, eut de la difficulté à écrire son texto à son petit ami Marc. Le correcteur de son vieux téléphone fit le reste du travail pour contribuer à la confusion de son message : *Je quitte le bourreau ; je vais taire la penture chez toi. Accessoires !*

Marc décoda qu'elle était partie du <u>bureau</u> et qu'elle allait <u>peinturer </u>chez lui. Et le dernier mot devait vouloir dire *A ce soir* !

En arrivant chez Marc, Isabelle ouvrit le galon de peinture et se mit à brasser vigoureusement. Elle se défoulait carrément.

La colère lui procurait une telle énergie qu'elle réussit à donner une première couche de peinture dans toutes les armoires de cuisine ainsi que dans les garde-robes.

Elle se déboucha une bière et s'arrêta devant le miroir : son reflet fut la dernière chose dont elle se souvint...

Sophie, Marc, Isabelle et Jos : synchronisme imprévu !

Madame... Madame... Réveillez-vous... C'est le dernier arrêt...

Sophie s'était endormie dans l'autobus. Elle était rendue à l'autre bout de la ville. Elle se leva, remercia le conducteur et descendit.

Elle était hébétée. Le rêve qu'elle venait de faire était un peu trop réel et la tourmentait. Comme elle était maintenant, tout près de l'appartement de son frère Marc, elle décida de lui rendre visite.

Alors qu'elle arrivait, un taxi déposait Marc chez lui. Il avait mauvaise mine. *Mais qu'est-ce que tu fais là?* dirent-ils en chœur. Puis Marc répondit en premier : *entre, je vais t'expliquer.*

La porte de l'appartement était entr'ouverte : il la poussa doucement et vit sa petite amie Isabelle et Jos l'antiquaire, en train de regarder quelque chose à l'écran de son téléphone.

Normand : la vie entre parenthèses

Mais... mais... Normand... Normand, qu'est-ce que t'as ? Réveille-toi !

Jeannine appela le 911 immédiatement. Normand était étendu de tout son long sur le plancher au sous-sol. Puis elle s'approcha. Il respirait ; il délirait.

Histoires à dormir debout

Allons s'expliquer à la pizzeria chez Mario, dit Jos, voyant l'air interrogateur de Sophie et Marc qui venaient de le surprendre avec Isabelle.

Les échanges entre eux furent très animés.

D'abord Marc raconta qu'il avait eu un coup de chaleur. Il faut dire que cette année-là, le degré d'intensité du courant El Nino était très fort et provoquait des écarts de température extrêmes, même en hiver !

Un chauffeur de taxi l'ayant vu tituber, puis tomber, l'avait amené immédiatement à l'urgence. Une fois réhydraté et hors de danger, le médecin avait accepté que Marc reparte chez lui.

Marc révéla ses hallucinations. Tous l'écoutaient attentivement.

Sophie de son côté s'était endormie dans le bus et avait fait un rêve qui lui semblait si réel.

Quant à Isabelle, elle s'était évanouie et avait eu aussi des hallucinations. Le cocktail : vapeurs toxiques de peinture et colère avaient probablement entraîné cette défaillance.

Mais pourquoi Jos se trouvait-il chez Marc ?

Émile : un vrai rêve de fou

Un vrai rêve de fou. T'étais là, il y avait mon nouveau collègue Marc, Normand, un de mes clients agriculteur et Jos, un autre de mes clients, un antiquaire. On était tous à l'intérieur du miroir que Normand m'a donné.

La menace de l'agriculteur, d'aller dans une autre institution financière, m'a probablement dérangé bien plus que je ne l'avais imaginé.

Et dans mon rêve, plus j'argumentais contre le fait de lui accorder une marge de crédit, plus il rapetissait. Ça me faisait peur. Et là, il m'a crié avec un porte-voix : ARRÊTE ! Sors de ta tour d'ivoire et viens donc faire un tour sur ma terre.

Et tout à coup, lui et mon nouveau collègue Marc, se sont mis à parler ensemble... comme si je n'étais pas là. Ils disaient : il est vieux jeu et « by the book », en plus. Toi, tu les observais sans rien dire.

Et finalement, l'antiquaire a ajouté en riant : est-ce que ça se pourrait qu'il y ait des nuances de couleur entre le blanc et le noir. Il tenait une palette de nuances de gris.

Puis, mon collègue a lâché : sais-tu que « R I P » veut dire... et là, la phrase qu'il a prononcée était totalement inintelligible. Le seul mot que j'ai compris était « perdu ».

Je ne te mens pas, tout était mêlé...

65

Danièle : perdue

Perdue, c'est exactement là qu'était Danièle, la femme d'Émile : perdue dans ses pensées. Elle avait écouté Émile avec plus ou moins d'attention. Et même si elle fit semblant d'être intéressée, Émile se rendit compte qu'elle avait la tête ailleurs.

Il se leva pour aller payer l'addition. Pendant ce temps, l'attention de Danièle fut attirée par le mot perfectionniste. À la radio, un érudit de la langue française parlait du lien entre un prisonnier et un perfectionniste :

Le Petit Robert définit ce prisonnier (le perfectionniste) comme un individu qui recherche la perfection dans ce qu'il fait, qui fignole (à l'excès) son travail ; quelqu'un qui ne sait pas s'arrêter.

Un prisonnier a appris très jeune à répondre aux exigences et aux attentes de ses parents, de ses professeurs ou d'autres personnes significatives.

Sa vie académique et professionnelle, et parfois même sa vie personnelle devient une performance à réaliser, et le plaisir y est malheureusement souvent absent.

Le prisonnier doute souvent de lui-même et est souvent en deçà des standards qu'il se fixe, ce qui peut l'amener à abandonner plus facilement ou à procrastiner. Il s'agit souvent d'un être sensible à la critique, qui a peur du ridicule et qui ne veut pas être vu dans ses imperfections.

La tendance de Danièle à l'introspection était tout à coup très bien servie avec cette définition du perfectionnisme ! La soirée serait longue...

Revenant vers Danièle, Émile donna une poignée de main à un client : *Bonjour Jos, ça va bien ?*

Ils engagèrent une courte conversation et Jos avisa Émile qu'il prendrait bientôt rendez-vous.

Sophie : force fragile

Sophie avait rappelé Jos l'antiquaire le lendemain de leur discussion à la pizzeria. Celui-ci avait dit à Marc et elle qu'il avait bien connu leur père. Elle voulait donc le rencontrer et entendre parler de son père qu'elle avait perdu trop jeune.

Ils avaient alors eu un long échange qui lui fit réellement du bien. Puis, profitant du fait que « *la Sophie toujours sur la défensive* » avait baissé un peu la garde, Jos ramena sur la table, le rêve qu'elle avait raconté la veille.

Quand j'ai fait mes études en neurophysiologie avec votre père à Marc et toi, on a fait beaucoup de travaux sur les rêves. On a appris beaucoup sur le sommeil. Un système de recharge des batteries... sans fil. L'être humain est si fascinant !

Mais je ne pourrais te dire ce que signifie ton rêve. Sur ce point, bien qu'on ait découvert certaines choses, notamment que rêver était nécessaire, nous n'avons rien trouvé de concluant sur la signification des rêves, ajouta Jos pour Sophie.

Par contre, que le reflet de ta collègue Jeannine t'ait dit : oui mais que tu le veuilles ou non, on doit trouver un moyen pour améliorer la productivité dans l'équipe de Geneviève, *c'est simplement intéressant,* dit-il.

En fait, c'est le gros bon sens : vous avez toutes les deux cet intérêt commun. Jeannine est intelligente, je la connais bien. Tu ne me sembles pas dépourvue non plus. Avec deux intelligences et un intérêt commun, le conflit ne devrait pas persister longtemps.

Sophie n'ajouta rien à ce petit monologue de Jos. Sa montre vibra. Il fallait qu'elle parte.

Quant à Jos, il avait une idée derrière la tête. Mais il devait faire un test d'abord.

Chapitre 4 :

Jos...

Jos... passé / présent

Quand Marc s'était arrêté pour regarder le miroir, Jos savait qu'il était le fils d'Armand Auger. La ressemblance était si frappante que Jos en fut presque ému. Le sosie d'Armand ramenait encore une fois de beaux souvenirs à sa mémoire.

Jos et Armand avaient fait leurs études universitaires en neurophysiologie ensemble. Leur dernier projet de recherche ayant pour sujet les liens entre les émotions et le système nerveux avaient révélé des résultats étonnants, lesquels avaient été fortement médiatisés.

Jos n'avait jamais cessé de s'intéresser à ce domaine, notamment, alors qu'Armand avait été foudroyé par les yeux d'une belle étudiante. Aveuglé sur le coup, ses intérêts avaient changé complètement, corroborant certains résultats de leur recherche.

Outre la neurophysiologie, Jos et Armand avaient en commun la passion des antiquités : Jos comme collectionneur, Armand comme ébéniste en herbe. Jos passait ses vacances à chercher, partout dans le monde, des objets antiques rares, notamment des miroirs qu'il apportait à Armand.

Ce dernier les restaurait à sa façon et y apposait une signature originale : une phrase dont il ne rendait lisibles que trois lettres, soit **R I P**. Voulait-il réellement écrire : *Requiescat in pace* (repose en paix, « rest in peace ») et pourquoi ? Jos avait bien tenté de savoir ; Armand s'amusait à garder le mystère.

Après ses études, Armand s'était marié, avait eu deux enfants et était devenu agriculteur.

Quant à Jos, toute sa vie, il avait été un *touche-à-tout autodidacte* et un globe-trotter que personne ne réussissait à suivre.

Les deux amis s'étaient alors perdus de vue.

Lorsque Jos avait ramassé au bord du chemin le miroir psyché portant la signature d'Armand, il avait appris que ce dernier était décédé depuis plusieurs années, terrassé par un cancer. Quant à sa belle étudiante, elle était morte depuis quelques mois, elle aussi atteinte de cancer. Le miroir au chemin, la courte visite de Marc à sa boutique et voilà qu'en l'espace de quelques jours, un petit tiroir de la mémoire de Jos avait été rouvert.

Il eut le goût de retourner dans ses dossiers d'archives. Il y trouva notamment la numérisation d'un article de journal et d'une photo d'Armand, à l'âge de Marc environ.

Il le téléchargea sur son téléphone et chercha l'adresse de Marc Auger. À son arrivée à l'appartement de Marc, sa petite amie Isabelle était évanouie. Lui faisant respirer un sel de pâmoison, autre antiquité qu'il avait toujours sur lui, il l'avait réanimée.

Puis, lorsque Marc et Sophie s'étaient pointés à l'appartement, il leur avait proposé une sortie à la pizzeria du coin, pour expliquer sa présence et bien d'autres choses.

Inspirant la confiance, Jos avait alors eu droit à une série de confidences. En effet, les histoires en lien avec les conflits de bureau que chacun vivait avaient succédé aux récits d'hallucinations et de rêves.

Isabelle, Sophie, Marc et Jos n'avaient pas vu l'heure passer. Avant de prendre congé les uns des autres, ils avaient partagé leurs coordonnées.

Jos... présent

Intéressé, voire fasciné par tellement de choses, la
carrière de Jos était peu banale. De neurophysiologiste,
il était passé par de nombreux domaines pour aboutir,
depuis maintenant plusieurs années à la programmation
informatique.

Son plaisir : créer ce qui n'existait pas encore.
Surprendre. Grâce à un talent rare, il avait fait fortune
dans ce domaine et il n'avait jamais cessé de se mettre à
jour.

Visionnaire et doté d'une intelligence créative peu
commune, Jos s'était auto-formé dans la création
d'applications.

Un de ces derniers dadas avait été la réalité augmentée,
qu'il avait, lui-même, grandement intensifiée en donnant
au personnage de sa nouvelle application virtuelle la
capacité d'analyser des émotions et de réfléchir. C'était
du grand art et surtout, du jamais vu !

Depuis quelques années, il avait passé le plus clair de son
temps à créer une application technologique interactive
destinée à résoudre les conflits.

Sa prémisse de base était :
1. Deux personnes intelligentes vivent un conflit
   ensemble.
2. Elles ont un intérêt commun.
3. Toutes les conditions sont réunies pour résoudre le
   conflit.

Il sentait qu'il touchait au but. Si tout fonctionnait comme il le souhaitait, il aurait mis au point une application qui permettrait de « connecter **l'intelligence des deux personnes en conflit pour en arriver à une solution *augmentée* qui servirait le but commun visé par ces deux personnes. »**

En mémoire d'Armand et de ses signatures mystérieuses, il appellerait l'application : R I P pour : À la **R**echerche de l'**I**ntelligence **P**erdue. *Peut-être que c'était ce que son confrère voulait signer au bas de ses miroirs. Qui sait,* pensa Jos. *De toute façon, c'était le but de son application, c'est-à-dire :*

1) *Identifier quand et pourquoi nous perdons contact avec notre intelligence dans un conflit.*
2) *Pourquoi et comment le résoudre.*

L'heure du test de réalité étant arrivée, Jos était à l'affût des conversations touchant des situations conflictuelles, notamment celles de Sophie, de Marc et d'Isabelle, mais aussi le rêve qu'Émile avait raconté à sa femme Danièle au restaurant et dont Jos avait été témoin.

D'ailleurs, il décida à ce moment-là qu'Émile serait son premier cobaye pour tester l'application, s'il acceptait évidemment.

Joseph Plante, neurophysiologiste, antiquaire et informaticien: il programme un miroir pour y intégrer une application contenant un coach virtuel.

Jos... vers le futur

Jos expliquait à son directeur de comptes, Émile, le fonctionnement de l'application interactive qu'il venait d'intégrer au miroir psyché que lui avait donné Normand.

Eh oui, Jos avait trafiqué le miroir d'Émile en introduisant un téléviseur haute définition ultra mince. Dans ce téléviseur se trouvait l'application de Jos.

Il suffisait de brancher le miroir à l'ordinateur d'Émile et automatiquement s'ouvrait l'application. Puis à l'écran se trouvait un personnage.

Ce dernier se présenta et demanda à Émile de dire son nom. Dès lors, la reconnaissance vocale opérait. Émile pourrait donc ouvrir ou fermer l'application et revenir en mode « miroir » par une simple instruction comme : *ouvrir* ou *fermer* !

Émile, jusque-là assez réticent aux nouvelles technologies, trouvait irrésistible le téléviseur intégré au miroir. Cette fantaisie ne lui était pas inconnue ; il l'avait expérimentée un jour dans la salle de bain d'un grand hôtel de Boston.

Jos lui expliqua que c'était une « version test » et donc que, pour le moment, le personnage qui allait l'aider à régler son conflit avait une allure androgyne. Mais éventuellement, il sera possible de lui choisir un timbre de voix, un sexe, des cheveux d'une certaine couleur, longueur. Bref, de le personnaliser à son goût.

Après avoir terminé ses explications, Jos se leva et dit : *Je te laisse essayer et si possible, j'aimerais que tu m'en donnes des nouvelles d'ici vendredi prochain.*

Chapitre 5 :

Quand l'intelligence veut montrer
le bout de son nez

Jeannine et Normand : quand la tête et le cœur parlent

« Aussi paradoxal que cela puisse sembler, c'est quand les personnes, les partenaires, peuvent être ouvertement en désaccord qu'il leur devient alors possible d'établir des liens authentiques. »
Clark Moustakas

Jeannine s'était rendue plus tôt en ville. Le médecin avait déjà signé le congé d'hôpital de son conjoint Normand. Mais avant d'aller le chercher, elle s'était rendue chez sa psychologue pour lui parler du conflit qu'elle vivait avec sa jeune collègue Sophie. Une rencontre très bénéfique.

Eh oui, elle en était venue à la conclusion qu'elle se sentait moins performante que Sophie ; elle se sentait évaluée, jugée. Et le ton quelque peu méprisant de Sophie n'aidait pas. (2/15)

Mais elle en avait vu d'autres et le fait d'avoir mis le doigt sur le bobo la rendait plus légère. En fermant la porte du bureau de « *sa psy* », elle sourit.

Elle sentait à nouveau ses émotions et sa raison reconnectées. (18) Elle parlerait rapidement à sa collègue Sophie, mais avant, elle avait un devoir à faire !

En arrivant à la chambre de Normand, lui et Jos l'antiquaire était en grande conversation. Normand lui parlait de son désir pour le lopin de terre, les réticences de son directeur de compte et enfin l'épisode de palpitations cardiaques et les délires qu'il avait eus en écoutant l'émission de télévision.

Selon le médecin, ce n'était pas majeur, mais il devait faire attention et éviter le stress. (1)

Jos l'écoutait. Il connaissait bien Émile, le directeur de comptes, et il était d'accord avec Normand : Émile ne pouvait s'empêcher de suivre les règles, de jouer le livre. Cependant, il était un bon conseiller financier.

Et tu sais Normand, Émile travaille autant pour toi que pour le centre financier. La rentabilité de ta transaction est importante.

Normand acquiesça.

Quelques minutes plus tard, Jos salua Normand et Jeannine ; il leur rendrait visite bientôt.

Émile : un face à face avec son miroir

« Celui qui ne sait pas se taire sait rarement bien parler. »
Pierre Charron

Émile avait vraiment le goût de régler le conflit avec son client Normand, mais il était tout autant excité par le fait d'ouvrir l'application dans son miroir. C'était samedi, il avait tout son temps pour la tester.

À l'ouverture de l'application, le personnage à l'écran, demanda à Émile de lui raconter son histoire, ce qu'il fit.

Analyse en cours...

Voici ce que je décode de ton histoire, dit le personnage de l'application à Émile :

- *Tu es un directeur de comptes réfléchi et compétent. Tu fais les choses selon des principes financiers et des règles.*

- *Tu tiens à conserver ton client. Vous avez une belle relation d'affaires depuis longtemps.*

- *Tu es aussi intelligent.*

- *Ton client Normand est un agriculteur intelligent, entrepreneur et impulsif.*

- *Vous avez tous les deux un intérêt commun : faire une transaction rentable, pour le centre financier et pour les opérations de ton client.* (4)

- *Vous avez donc tout ce qu'il faut pour résoudre votre conflit.*

Émile était tout sourire. Le personnage virtuel avait tout compris. En plus, il l'avait bien complimenté, ce qui n'était pas pour lui déplaire.

Émile dit : *Prochaine étape*, ce qui permis au personnage de poursuivre.

Je perçois quelques blocages, annonça le personnage :

- *Ton client Normand ne connait pas les différences entre les multiples moyens de financement.*

- *Il pense que tu ne connais pas sa réalité et que tu n'en vois pas l'urgence.*

- *Il utilise un ton menaçant et ça te dérange.*

- *L'habileté à communiquer avec une personne impulsive et peu rationnelle n'est pas ta force.*

Ouais ! Ce personnage a raison, admit Émile à lui-même. Il dit : *Prochaine étape.*

Maintenant assis devant lui, les coudes fermement appuyés sur une table, le personnage de l'application planta son regard dans celui d'Émile et lui dévoila les bases de la technique à utiliser :

86

Cher Émile, tu as pris l'initiative de régler ce conflit :
tu viens de te reconnecter à ton intelligence. Ce dont
tu as besoin maintenant, c'est de parler à ton client
Normand. Mais pour avoir son écoute, tu dois lui poser
une paire d'oreilles. (13) Et comment y arriveras-tu ?

En lui montrant que tu connais et comprends sa réalité.

Voici quelques phrases IMPORTANTES, à dire à ton
client, dit le personnage avec insistance.

1) Normand, tu penses que je ne vois pas l'occasion
   d'affaires extraordinaire que ça représente pour
   toi de pouvoir agrandir ta terre avec un lopin à
   proximité. Tu crois que je ne saisis pas l'économie de
   temps et d'argent que ça représente pour toi. (13)

2) Tu crois que je ne saisis pas les impacts que
   ça pourrait avoir pour toi si quelqu'un d'autre
   acquérait ce lopin de terre et l'utilisait à des fins
   potentiellement nocives pour la culture bio que tu
   as introduite chez toi depuis maintenant plusieurs
   années. (13)

3) Tu es convaincu qu'une augmentation de marge
   de crédit prend moins d'analyse et donc moins de
   temps qu'un prêt commercial. (13)

4) Tu crois que je n'agis pas dans ton intérêt quand je
   résiste à ta demande de financement dans sa forme
   actuelle. (13)

Tu vois Émile, en lui disant cela, si ton client est
intelligent, il verra bien que tu comprends sa réalité et
tu seras en mesure de poursuivre. Sinon, il risque de
continuer de s'énerver. Il sait le faire d'après ce que tu
m'as raconté !

87

WOW, pensa Émile, de plus en plus intéressé par les propos du personnage. Il fit imprimer les phrases et poursuivit.

Prêt pour la suite Émile ? Allons-y, dit le personnage. Voici ce que tu pourras ajouter si ton client est toujours avec toi... Allez, je blague. Il y sera ; ait confiance.

Maintenant, s'il te plait, écoute moi bien. Il marqua une pause puis reprit : *au bout de chacune des phrases que je viens de te donner et celles qui vont suivre, tu devras attendre un « oui » ou un « ouais » de sa part. Il se pourrait même que tu aies un « Oui mais »...* (12)

Tes quelques secondes de silence pour avoir ces réponses te paraitront une éternité, mais elles sont **absolument** *nécessaires.*

1) *Es-tu d'accord avec moi que tu as déjà de la difficulté à gérer ton crédit actuel et qu'il y a un danger à en ajouter un ?*

2) *Pour un bien comme un lopin de terre, c'est-à-dire, qui a une « longue durée de vie », le prêt à long terme est plus adéquat qu'une marge de crédit, qui elle sert au court terme, et permet une gestion financière plus appropriée. Est-ce qu'on est d'accord avec ça ?* (17)

3) *Dans ce contexte, j'aurais une solution à te proposer...*

Émile n'en croyait pas ses yeux. Le personnage lui donnait les bons mots à utiliser. Allait-il aussi lui fournir une solution ?

Jeannine : action-réaction

*« Quand les pensées sont apaisées,
le feu lui-même est frais et rafraîchissant. »*
Kwaisen

Jeannine passa à l'action. La visite chez sa *psy,* le stress causé par le malaise de son conjoint Normand, ses insomnies et ses cauchemars, elle n'en voulait plus !

Et la bulle perçue dans son dernier rêve qui disait : *Son ton m'énerve, mais elle a raison,* lui revenait sans cesse en tête. (18)

Elle consacra une bonne partie de sa fin de semaine à lire tout ce qu'elle pouvait trouver sur les médias sociaux. Elle se paya un atelier privé de formation sur la plus récente plateforme virtuelle, celle que sa collègue voulait proposer pour solutionner le problème de productivité de la direction du service à la clientèle, dirigée par Geneviève Huard.

En plus de l'avoir fait sortir de sa zone de confort, sa jeune collègue venait de l'obliger à se mettre à jour sur des nouveautés technologiques.

Elle se sentait davantage prête à rencontrer Sophie. Elle se rappela aussi le truc que lui avait donné sa psychologue : elle devait se préparer à cette rencontre, car l'insolence de Sophie l'agacerait certainement encore.

Elle se demanda si elle avait déjà été aussi arrogante lorsqu'elle avait l'âge de Sophie. *Peut-être,* pensa-t-elle !

Marc : des vacances dans la balance

Marc se sentait fatigué, mais un peu plus léger. La discussion à la pizzeria avec son amie Isabelle, sa sœur Sophie et Jos l'antiquaire avait eu l'effet d'une thérapie.

Il ne se reconnaissait plus depuis quelques temps. Traiter un collègue de vieux jeu, ce n'était pas lui. Selon son schème de valeur, c'était un flagrant manque de respect. (4/11)

Et une des remarques de Jos durant cet échange l'avait drôlement ébranlé. En fait, ce n'est pas tant le contenu des hallucinations de Marc qui avait retenu l'attention de l'ancien neurophysiologiste.

Cela témoignait probablement d'un certain sentiment de culpabilité face à son collègue Émile. Mais s'entrainer en fou sans s'hydrater correctement, alors que Marc en connaissait très bien les risques, c'était tellement irrationnel.

En regardant Marc droit dans les yeux, il lui avait lancé : *après quoi tu cours au juste ?*

91

Cette phrase avait résonné une bonne partie de la semaine dans la tête de Marc. Jos avait peut-être raison. Qu'est-ce que son coup de chaleur, inconsciemment préméditée, dissimulait ?

Il se souvint que son patron lui avait fortement suggéré de prendre quelques jours de congé après le décès de sa mère, mais Marc avait refusé. Cette fois, il prenait conscience qu'il en avait besoin.

Je suis sincèrement désolé. J'ai besoin de prendre quelques jours de congé. Je pense que j'ai un peu perdu le contrôle. J'aimerais qu'on se rencontre à mon retour. Je te fais signe ; on prendra un café, texta Marc.

Avec plaisir. Profite de ton congé, on se voit à ton retour, avait répondu Émile. Il souriait ! Marc, ce collègue qui ne jurait que par les rencontres virtuelles, venait de lui parler d'aller prendre un café.

Normand : chère enchère

Jeannine avait tenu à accompagner Normand à l'encan. Après son récent malaise cardiaque, elle l'avait à l'œil. Il voulait tellement ce lopin de terre qu'il s'énervait à rien !

Quelques jours plutôt, Émile s'était rendu chez Normand. Après avoir repris phrase par phrase ce que le personnage de l'application virtuelle de Jos lui avait suggéré, Émile avait réussi à faire comprendre à Normand qu'une marge de crédit n'était pas le bon moyen de financement.

De plus, il voyait bien qu'Émile comprenait sa situation et ses besoins et il avait accueilli calmement les conseils. Enfin, il avait aussi compris pourquoi le Centre financier ne lui prêterait pas au-delà d'un certain montant.

C'était autant dans son intérêt que celui du Centre financier. (4)

Puis, Émile lui avait remis une enveloppe. À l'intérieur, se trouvait une lettre signée par Émile, en tant que directeur de comptes et le directeur du Centre financier, à l'attention de l'encanteur.

Cette lettre précisait que si le montant de vente du lopin de terre n'excédait pas 50 000 $, le Centre financier accorderait un prêt à Normand et l'argent serait disponible dans les 15 jours. (5)

C'est le moment de miser, lança l'encanteur. Le cœur de Normand bondit ; il lança 35 000 $. La surenchère grimpa jusqu'à 40 000 $. Normand ajouta 5 000 $

45 000 $ une fois, 45 000 $ deux fois, 45 000 $ trois fois, ADJUGÉ !

De bonnes nouvelles ? Qui sait !

Bonjour Jos, c'est Émile. Rappelle-moi, s'il te plait. Je veux te donner des nouvelles du fonctionnement du miroir tel qu'entendu. À plus tard.

Jérôme : autoréflexion

Si le mandat dont avait hérité le gestionnaire de projets, Jérôme Patry, lui avait été confié une dizaine d'années auparavant, la tension entre les deux professionnelles Isabelle et Danièle aurait certainement été moindre et plus simple à gérer.

C'était tellement plus facile avant, quand un conseiller pouvait conseiller, se dit-il à lui-même.

Ce n'était plus le cas chez ARA. Les hauts dirigeants en place décidaient des objectifs à atteindre et des orientations, ce qui était très bien. Mais là où ils outrepassaient leur rôle depuis quelques années, c'est quand ils imposaient aussi les moyens, déterminaient les échéances, etc.

Dans un tel contexte, les professionnels se sentaient « exécutants » ce qui créait bien des frustrations. Les beaux discours truffés de : *soyez innovateurs, les employés sont un capital humain important, vous avez le droit à l'erreur*, sonnaient faux.

Le cynisme gagnait le terrain que la mobilisation lui cédait.

Pourtant, les prédécesseurs à cette haute direction avaient pavé la voie autrement. Mais voilà, ARA n'était plus dirigée ainsi et les professionnels ne se sentant plus reconnus dans leur expertise, donnaient de plus en plus fréquemment *le minimum d'eux-mêmes.*

Mais peu importe, certains restaient plus résilients que d'autres. Jérôme Patry était de ceux-là et à son niveau, il réussissait à motiver les employés qui travaillaient dans ses équipes de projet.

Un superbe rayon de soleil traversait la salle de réunion qu'il avait choisie pour rencontrer Danièle et Isabelle ; il sourit. Il voyait venir l'orage entre les deux professionnelles ; est-ce que ce rayon pourrait le calmer ? Il l'espéra.

En fait, il lui fallait miser principalement sur deux choses : le professionnalisme des deux employés et l'intérêt commun qui les mobiliserait. (4/14)

Déjà, il avait préparé le terrain en les convoquant à une journée complète de réunion. Ni Danièle, ni Isabelle ne douteraient du sérieux de cette rencontre.

L'invention de Jos : surprenante !

Émile n'avait pas vu Jos l'antiquaire aussi excité qu'à l'instant où il lui avait donné ses commentaires quant au miroir qu'il avait utilisé pour préparer sa rencontre avec Normand.

Tu sais, au départ, je n'y croyais pas vraiment. Comment est-ce qu'une application virtuelle pouvait m'aider à résoudre un conflit ? Mais c'est étonnant ; ç'a vraiment marché pour moi. Quelle belle invention !

Le personnage de ton application m'a simplement fait réfléchir. Grâce à lui, j'ai compris pourquoi Normand n'écoutait pas mes conseils, dit Émile.

C'est bien ce qui cause les conflits, renchérit Jos. *Et donc, tu me dis que le fait d'identifier ce qui bloquait une discussion intelligente entre vous deux, t'a aidé,* ajouta-t-il.

C'était nécessaire, répliqua Émile ! *Puis, j'ai bien ri quand le personnage m'a dit :* il faut que tu mettes une paire d'oreilles à Normand ; ça aussi ça aide à être intelligent.

Enfin, la séquence de phrases qu'il m'a donnée pour faire en sorte que Normand comprenne, raisonne et soit disposé à écouter mes conseils, j'avoue que là, j'étais subjugué.

Très perspicace ce personnage. Grâce à tout ça, mon client et moi, avons eu un véritable échange par la suite, conclut Émile.

L'étape de reformulation est aussi une étape de cette technique qui est vraiment efficace, dit Jos qui était déjà en train de penser à prêter le miroir à une autre personne. *Et il y en a d'autres...* (13)

Je suis curieux. D'où vient le nom de ton application ? questionna Émile.

D'un ancien confrère d'université et de moi ! J'ai fait un beau mélange de concepts, dit Jos avec une légère timidité.

En tout cas, elle porte bien son nom : RIP, À la Recherche de l'Intelligence Perdue.

C'est tout à fait ça. Mon client et moi étions obnubilés par des facteurs qui nous empêchaient de rester intelligents.

C'est ce que j'ai réalisé avec le personnage de ton application. Une vraie belle invention, répéta Émile.

Au départ d'Émile, Jos se plut à penser qu'Armand serait sans doute fier de l'aboutissement de sa plaisanterie. Mais le mystère demeurait. Que voulait-il dire au juste par cette signature ? Lui seul savait.

Jérôme : l'art de la médiation

> « Un ennemi que tu vaincs reste ton ennemi.
> Un ennemi que tu convaincs devient ton ami. »
> **Proverbe chinois**

Le gestionnaire de projets, Jérôme, avait introduit sa rencontre avec Isabelle et Danièle avec doigté et surtout sans fla-flas. Il les savait intelligentes et surtout, allergiques aux courbettes.

D'abord, il les remercia d'avoir pris le temps de lister et de chiffrer les risques de ne pas sortir le produit à la date prévue ou de le sortir avant qu'il ait été suffisamment testé.

Puis, il leur demanda de valider sa compréhension de leur position respective, sans argumenter. Il y alla méthodiquement.

Il maitrisait la médiation comme personne et savait qu'en mettant la table intelligemment, il irait chercher des « oui » de la part des deux collègues. (12) Par la suite, il serait possible de passer en mode solution. (4/14)

Danièle, tu ne vois pas comment on pourrait sortir un produit qui répondrait vraiment aux besoins dans un délai si court ? demanda Jérôme. (13)

C'est suicidaire, répondit Danièle, qui allait argumenter, mais à qui Jérôme demanda d'attendre. Elle se tut.

De ton côté Isabelle, tu crois qu'on doit absolument le sortir à la date demandée par la haute direction ? (13)

Isabelle acquiesça.

Danièle, tu considères que sortir un produit qui n'a pas été suffisamment testé auprès du public cible risque de l'insatisfaire et ultimement de compromettre notre réputation. (13)

Cet énoncé plut à Danièle. Jérôme avait bien résumé sa pensée.

Isabelle, t'es convaincue qu'il n'y a qu'un seul moyen pour contrer la concurrence, c'est de sortir un produit en même temps qu'eux, et ce, même s'il n'était pas de qualité. (13)

Le mot « qualité » agaça Isabelle. Pour elle, le produit était déjà de qualité. C'est ce qu'elle répondit à Jérôme qui dut se reprendre rapidement. (16)

En fait, ce que je veux dire, c'est que pour toi, en ne prenant pas notre place dans le marché, on la laisse à la compétition ? (13)

Isabelle approuva.

Danièle, es-tu d'accord qu'il faut être présent au moment où des concurrents mettent en marché un

102

produit, mais que ça peut se faire autrement que par un lancement ? (17)

Ah! se contenta de répondre Danièle avec un ton quelque peu interrogateur !

Jérôme avait été habile. Les deux professionnelles s'étaient senties comprises. Il put alors prendre position.

C'est clair que les membres de la haute direction veulent qu'on soit dans la course au bon moment. Mais ils veulent aussi que notre produit réponde réellement aux besoins de la clientèle. (4)

Je vais d'abord leur présenter les risques que vous avez identifiés. Je ne sais pas si vous vous rendez compte, mais ce sont de précieuses hypothèses.

Je reconnais toute la valeur de votre expertise et ça va me servir. Toutefois, vous savez comme moi que nos dirigeants ne se contenteront pas de ça. Ils attendent de nous que nous leur proposions des options.

Nous avons quelques heures devant nous. J'aimerais qu'on essaie de trouver COMMENT et qu'est-ce que nous pourrions faire pour que nos compétiteurs et nos clients sachent qu'Ara est là et que le produit que nous allons lancer plus tard, dépassera toute attente ?

Pouvons-nous faire en sorte que nos compétiteurs soient intrigués, voire craintifs et que nos clients aient envie d'attendre notre produit ?

À la fin de cette rencontre, Jérôme avait en main deux options à proposer à la haute direction. Ni Danièle, ni Isabelle, n'auraient pu envisager un tel dénouement. (14)

Les solutions qui avaient émergées étaient beaucoup plus qu'un compromis ; dans les deux cas, on pouvait parler d'innovation pure. La concurrence n'avait qu'à bien se tenir. (14)

S'il persistait encore un peu de tension entre les deux femmes, on sentait aussi une certaine fierté quant aux solutions trouvées, mais surtout de la considération pour leur compétence respective.

Jérôme ramassa ses papiers, sortit du bureau et se rendit directement à son chalet ; le surplus d'hormones de stress ne résisterait pas au grand air et au bois qu'il avait commencé à bûcher, même s'il était en plein mois de février. Un hiver exceptionnellement chaud qui ne se répèterait probablement pas l'année suivante ! Jérôme en profitait pour faire des réserves.

Sophie : titillée par le reflet

Jos avait emprunté le miroir à Émile pour poursuivre les tests de son application avec Sophie. Elle ne lui cacha pas son scepticisme, mais elle accepta d'en faire l'essai et de lui en donner des nouvelles immédiatement après.

Le personnage de l'application lui demanda de décrire brièvement la situation et tout comme pour Émile, il lui rendit ses conclusions :

Voici ce que je décode de ton histoire Sophie, dit le personnage :

- *Tu considères que l'entreprise utilise des outils de communication désuets ; tu veux proposer des moyens plus modernes à la directrice du service à la clientèle.*

- *Tu n'as pas d'estime pour ta collègue Jeannine ; pour toi elle est dépassée et incompétente.*

- *Tu es intelligente.*

- *Vous avez un intérêt commun : améliorer la productivité dans l'équipe de Geneviève. (4)*

C'est une Sophie interloquée qui arrêta le discours du personnage. Il avait tiré les bonnes conclusions, sauf une.

Jamais elle n'avait pensé que Jeannine était incompétente. Certes, les nouveautés technologiques n'étaient pas son fort, mais...

Elle redémarra l'application et raconta à nouveau l'histoire se disant qu'elle avait peut-être omis certains points concernant Jeannine.

Le personnage de l'application lui répliqua les mêmes conclusions.

Résignée et sans enthousiasme, elle grommela, *Prochaine étape :*

Je perçois quelques blocages, dit le personnage :

- *Jeannine ne connait pas la plateforme virtuelle que tu veux présenter à Geneviève.*

- *Jeannine pense que tu ne voudras plus utiliser d'autres moyens comme le face à face.*

- *Jeannine croit que les employés du secteur de Geneviève seront réticents à utiliser une plateforme technologique nouvelle.*

- *Jeannine est sur la défensive et ça te rend impatiente.*

- *Tu ne reconnais pas la compétence de Jeannine.*

Je n'ai jamais dit qu'elle n'était pas compétente,
rouspéta Sophie ! Un peu fâchée, elle articula syllabe par
syllabe : *Pro-chai-ne é-ta-pe.*

Assis devant Sophie, le personnage lui défila les
prémisses de la technique :

Chère Sophie, tu as pris l'initiative de régler ce conflit.
Pour réussir à régler un conflit, deux conditions sont
nécessaires :
- *que l'autre et toi-même soyez intelligents*
- *que vous ayez un intérêt commun.*

J'ai donc deux questions importantes à te poser avant
de passer à la prochaine étape :

1) *Est-ce que tu considères que Jeannine est*
   compétente et donc pourrait aider Geneviève à
   solutionner son problème ?

2) *Selon toi, est-ce que Jeannine est intelligente ?*

Sophie répondit oui aux deux questions puis ajouta :
Prochaine étape.

Le personnage poursuivit : *Parfait. Deux personnes*
intelligentes et un intérêt commun, toutes les conditions
sont là pour régler le conflit.

Puis il déballa les bases de la technique :

Maintenant, tu dois parler à Jeannine. Tu dois lui
montrer que tu comprends ses préoccupations. Voici

ce que je te suggère pour que Jeannine soit disposée à écouter ta proposition.

1. *Jeannine, tu considères que les rencontres face à face sont le meilleur moyen pour trouver des solutions à un problème de productivité.* (13)

2. *Tu penses que les gens ne sont pas aptes à utiliser un outil de travail interactif ou encore n'en auront pas envie.* (13)

3. *Tu crois que l'utilisation de ce genre d'outil risque d'être une source de distraction alors que ce qu'on veut, c'est améliorer la productivité.* (13/4)

En posant ces questions à Jeannine, si elle est intelligente, elle verra bien que tu as saisi sa position ainsi que ses préoccupations et que tu les prends en considération.

Sophie commençait à être un peu plus impressionnée par la perspicacité du personnage, mais quelque chose la chicotait encore.

Elle archiva néanmoins les phrases pour pouvoir les acheminer à Jos tel qu'entendu avant de dire : *Prochaine étape.*

Une fois que Jeannine aura répondu « oui » à tes trois questions, ce sera le temps d'énoncer fermement ta position comme suit :

1) *La plateforme dont je te parle pourrait être vue, dans un premier temps, comme une « boîte à*

suggestions » avec les qualités qu'offre le virtuel, soit la rapidité et l'instantanéité.

2) Parce qu'ils sont rivés à leur poste de travail et que le service à la clientèle doit être maintenu, les rencontres avec tous les employés sont toujours difficiles à organiser.

3) Le fait de noter leur besoin immédiatement après l'appel est donc aidant et évite les oublis.

Non mais tu rêves en couleur ! Tu crois que Jeannine va me laisser déballer ma salade comme ça sans intervenir, lança Sophie au personnage.

Désillusionnée complètement, elle marmonna machinalement : Prochaine étape.

Toujours assis devant elle, le personnage fit comme s'il n'avait pas entendu la remarque de Sophie et ajouta : Tu auras besoin d'un bon contrôle sur toi-même.

En effet, à la fin de chacune des phrases que je t'ai proposées, tu devras **prendre une pause, un silence**, jusqu'à ce que Jeannine te donne un « oui ». (12)

Ce ne sera pas facile, mais c'est nécessaire. Pour t'aider, voici une façon très simple d'y arriver. Tu n'as qu'à transformer ta position en une simple question et tu te tais. Par exemple, je sais que je me répète, mais essaie ceci, en la faisant adhérer au fur et à mesure :

1) *Une plateforme peut être vue comme une « boîte à suggestions » avec les qualités qu'offre le virtuel, soit la rapidité et l'instantanéité.* **Es-tu d'accord avec ça ?** *(17)*

Ou encore :

2) **Est-ce qu'on convient que** *le fait de noter un besoin immédiatement après un appel évite de l'oublier ? (17)*

Eh oui, je sais, ajouta le personnage. *Tu te dis que c'est trop simple, trop facile, mais comme le disait Gandhi : « Ce sont toujours les choses simples qui coupent le souffle. »*

Alors je t'en conjure, pose ce genre de question systématiquement pour chacun des énoncés que je t'ai donnés précédemment, attend un « oui » de Jeannine et tu verras le résultat. Ces points réglés, vous pourrez vous entendre sur les solutions à proposer à Geneviève.

Puis le personnage lui souhaita bonne chance et la salua. Sophie ferma l'application et en même temps son esprit.

Quel idéaliste ce Jos. Penser qu'un personnage virtuel pourrait m'aider dans ce conflit. Ça ne marchera pas, pensa-t-elle.

Sophie résiste, Jos persiste

> *« La confrontation créatrice : c'est la rencontre de personnes qui sont engagées dans un conflit, une controverse, et qui demeurent ensemble, face à face, jusqu'à ce que leurs sentiments d'être divisées soient exprimés et clarifiés, jusqu'à ce qu'il y ait acceptation et respect des différences !»*
> **Clark Moustakas**

En attendant l'arrivée de Sophie, Jos examinait ce qu'elle lui avait transmis. Son message était on ne peut plus direct :

> *Ton application et son personnage... ce n'est pas du tout au point. Inintéressant pour moi. Je serai chez toi dans une heure tel que convenu, mais je pense que c'est une perte de temps.*

Oh, quel tact, se dit Jos qui comprenait un peu mieux pourquoi Jeannine avait certaines difficultés avec l'attitude de Sophie.

Entre ! Assieds-toi, cria Jos du fond de sa boutique. *Je suis à toi dans quelques minutes. Sers-toi un thé !*
Jos avait perçu la mauvaise humeur de Sophie dans son texto, mais aussi dans la façon d'ouvrir la porte de la boutique. Il lui fallait diriger la rencontre s'il voulait aboutir à des conclusions pertinentes pour son propre test.

En outre, il pensait pouvoir aider Sophie dans sa relation avec Jeannine. Rapidement, avant que Sophie ne se mette à dénigrer l'application, il suggéra de passer en revue ce que le personnage lui avait dit.

Tu sais Sophie, le personnage de l'application est objectif. Il analyse l'histoire que tu lui as racontée, dit Jos.

Je n'ai jamais traité Jeannine d'incompétente et tu vas voir, ton personnage me revient sans arrêt avec ça, répliqua Sophie.

Le personnage est logique. Il l'a déduit par les mots que tu as utilisés. Tu lui as dit que Jeannine n'était pas à jour, qu'elle ne connaissait pas et n'utilisait pas les nouvelles technologies. Normal que le personnage ait conclu que tu la crois incompétente dans ce domaine, non ? interrogea Jos.

Oui mais il m'a posé deux questions à savoir si Jeannine était compétente et intelligente. J'ai répondu OUI. Ça ne l'a pas empêché de continuer d'insinuer que je ne la croyais pas intelligente, rétorqua Sophie.

Jos fit mine de ne pas avoir entendu cette dernière remarque et poursuivit en lisant à haute voix les trois premières phrases suggérées par le personnage. Puis il lui demanda : *Est-ce que tu penses que Jeannine sera disposée à en entendre davantage sur la plateforme une fois que tu lui auras montré que tu comprends ses inquiétudes ?* (13)

112

Probablement. Mais c'est la suite qui cloche, répondit-elle.

Comme je te l'ai dit, le personnage de l'application est objectif, logique et méthodique. Les phrases qu'il te propose devraient amener ton intelligence et celle de l'autre à se connecter. Deux intelligences, un intérêt commun, ce sont les conditions pour régler un conflit.

Cette technique fonctionne et en plus, étonnamment, elle amène les personnes vers des nouvelles solutions. C'est du « vrai gagnant-gagnant » et non un compromis. Tu n'as rien à perdre à essayer, exposa Jos. (14)

Jeannine ne m'écoutera pas ; elle est tellement obstinée, rétorqua Sophie.

Toi aussi ! Et avec ce ton arrogant, tu l'irriteras certainement, pensa-t-il sans le lui dire. Mais Jos savait par expérience que cette attitude cachait autre chose. Il observa quelques secondes de silence.

J'ai peur que ça ne fonctionne pas, ajouta Sophie qui laissa entrevoir une certaine vulnérabilité pour la première fois de cette rencontre.

Qu'as-tu à perdre, répéta Jos.

Jérôme : un plan à toute épreuve

> *« Un homme de lettres, à qui un grand seigneur
> faisait sentir la supériorité de son rang, lui dit :
> "Monsieur le duc, je n'ignore pas ce que je dois savoir;
> mais je sais aussi qu'il est plus aisé
> d'être au-dessus de moi qu'à côté." »*
> **Chamfort**

Une demi-corde de bois plus tard, Jérôme avait élaboré tout son plan. Comme à son habitude lorsqu'il avait des dossiers délicats à présenter à la haute direction, il irait chercher au moins un allié influent parmi les membres de ce comité.

La vice-présidente, Marie Perreault, avait immédiatement répondu oui à sa demande : un rendez-vous, première heure, le lundi matin.

L'équipe travaille fort pour lancer le nouveau produit ; tout le monde a bien saisi l'urgence et j'aurai deux scénarios intéressants à présenter au comité mercredi prochain. Mais je tenais à te parler avant, car j'ai des préoccupations, informa Jérôme.

Je t'écoute, ajouta Marie.

La crédibilité de Jérôme lui était acquise et Marie Perreault lui faisait entièrement confiance. *Voilà l'occasion de passer mes messages*, se dit-il.

Toujours aussi habile et méthodique, il y alla une carte à la fois.

Lui ayant déjà annoncé qu'il aurait deux scénarios intéressants à présenter, Marie serait disposée à entendre parler des risques identifiés par ses deux professionnelles, Danièle et Isabelle.

Jérôme et Marie le savaient : un risque était toujours hypothétique parce que bien des choses pouvaient arriver modifiant parfois drastiquement le résultat annoncé. Il fallait cependant les considérer, car les professionnelles qui les avaient identifiées en avaient vu d'autres.

L'expertise de Danièle et d'Isabelle était indéniable. Il ne manqua pas de souligner leur professionnalisme au passage et *heureusement qu'elles le sont d'ailleurs,* avait ajouté Jérôme en marquant une pause. Il piqua ainsi la curiosité de Marie.

Que veux-tu dire ? demanda-t-elle. *Moi aussi je reconnais leur expertise et elles collaborent très bien habituellement, non ?* ajouta Marie.

Tout se passait comme Jérôme l'avait prévu. La porte était maintenant ouverte et, en une tirade, il déballa le cœur de son message avec une intensité qui le surprit lui-même.

Évidemment, la haute direction se devait de signaler les urgences qu'elles percevaient, de déterminer les objectifs à atteindre, de mobiliser ses gestionnaires pour trouver des solutions avec leurs équipes. Mais la suite appartenait aux gestionnaires, gestionnaires de projets, professionnels.

Ce sont eux qui, sur le terrain, pouvaient tracer le meilleur chemin pour atteindre l'objectif annoncé par la haute direction. Ils vont tout donner pour trouver les meilleures solutions ; c'est ce qui les mobilise, exprima Jérôme.

Il rappela à Marie quelques exemples percutants à cet effet. Combien de fois des solutions inattendues et innovatrices avaient émergé de ses équipes de projets.

Actuellement, dans le cas du produit à lancer chez Ara, le moyen et l'échéance avaient été décidés par les hauts dirigeants. La commande était lancée.

Danièle, Isabelle, mais aussi tous les autres membres de l'équipe, avaient donc travaillé, non pas sur la meilleure solution à mettre en place, mais en défensive.

Était-ce le bon moyen ? Comment la haute direction en était arrivée à ce moyen, à cette date ? Avait-elle fait toutes les recherches nécessaires ? Avaient-elles pris le temps d'évaluer tous les risques, les impacts ?

*Sans être certains de tout ça et parce que nos professionnels... sont **très** professionnels, qu'ils travaillent réellement pour le bien de l'entreprise, il leur a fallu faire tout ce travail **avant** de se concentrer à trouver des solutions.*

Que de temps et d'énergie perdue, releva Jérôme, *et que de tension créée entre les personnes, Danièle et Isabelle, notamment !*

Marie l'avait écouté avec attention ; elle ne se défila pas. Elle était en partie responsable de cette situation ayant elle aussi tendance à aller directement aux moyens sans penser que d'autres étaient beaucoup mieux placés qu'elle pour le faire. Ils avaient d'ailleurs été engagés pour ça. Mais il y avait tout un contexte qu'elle prit le temps de confier à Jérôme.

L'entreprise avait beaucoup changé. La pression provenant du marché, la réglementation de plus en plus forte, le virtuel qui étendait des tentacules insoupçonnés et imprévisibles et bien d'autres facteurs, bouleversaient les marchés financiers.

La responsabilité des hauts dirigeants était lourde et ces derniers agissaient souvent en mode survie, donc en dehors du rôle qu'on attendait d'eux.

Raison de plus pour s'adjoindre la compétence des professionnels. Mais pour ça, il faut être capable de faire confiance, ajouta tristement Jérôme qui comprenait très bien ce dont parlait la vice-présidente.

Le monde financier finira bien par reprendre pied et si ARA avait déjà été dirigé par des gestionnaires capables de jouer leur rôle, cela reviendrait, souhaita Jérôme, toujours aussi résilient.

Souhaitons-le ! Maintenant, le temps file, alors parle-moi des scénarios que tu présenteras s'il te plait, dit Marie.

Jeannine et Normand,
Sophie et Marc :
drôle de coïncidence ?

Jeannine était allée rejoindre Normand chez le notaire. Ce dernier finalisait la paperasse nécessaire à l'achat du lopin de terre. Avant d'entrer, elle croisa sa collègue Sophie et un autre jeune homme sur le pas de la porte.

Les deux femmes se saluèrent, toutes deux intriguées par leur présence respective. Puis Sophie brisa la glace en disant à Jeannine qu'elle avait bien reçu son message et qu'elle était d'accord pour la rencontrer au bureau le mercredi suivant.

Jeannine se sentant d'attaque accepta avec une gentillesse qui déstabilisa quelque peu Sophie.

Parfait, bonne fin de journée, dit-elle nerveusement.

Chapitre 6 :

RIP

Jeannine et Sophie : R I P

Au grand étonnement de Sophie, Jeannine était en accord avec les énoncés suggérés par le personnage de l'application de Jos.

Elle avait même été plus loin : les suggestions des employés seraient *une mine d'or d'information pour Geneviève, la directrice du service à la clientèle.*

La plateforme pourrait aussi permettre éventuellement d'interagir entre collègues, de partager des trucs, des bonnes pratiques. Et ce genre d'outil pourra être mis à jour régulièrement et répondre à d'autres besoins.

Il faut que je t'avoue que je me suis renseignée sur cette plateforme et je dois admettre que c'est certainement un moyen intéressant, mais es-tu certaine que ce soit le seul ? questionna Jeannine.

Et leur conversation se poursuivit ainsi :

- **Jeannine** : *est-ce qu'on est d'accord que Geneviève voudra rencontrer son équipe ne serait-ce que pour expliquer la plateforme ?*

- **Sophie** : *Évidemment.* (12)

- **Jeannine** : *Est-ce qu'on convient qu'elle devra mettre sur la table les problèmes de productivité pour justifier l'utilisation de la plateforme ?*

- **Sophie** : *Bien sûr.* (12)

- **Jeannine** : *Comment fera-t-elle pour mobiliser son équipe quant aux objectifs de cette plateforme ?*

- **Sophie** : *Il faudra qu'elle les rencontre.*

Eh voilà. Tout était dit. Sophie avait l'impression que Jeannine utilisait la même technique qu'elle. Elle soupçonna Jos d'avoir tester l'application virtuelle dans son miroir avec Jeannine aussi.

Normand, Émile et Marc : R I P

*Je me suis toujours demandé comment tu avais réussi
à convaincre ton directeur de me prêter 50 000 $,*
questionna Normand.

Émile, en visite chez son client Normand, respirait à
plein poumon cette bonne odeur de foin fraichement
coupé.

*Tu sais, à l'époque où tout le monde connaissait tout
le monde, on pouvait prêter de l'argent en prenant la
parole et l'honneur de l'emprunteur. Mais maintenant,
ça prend des preuves,* répondit Émile.

*J'ai fait des calculs et j'ai pu démontrer que ton achat
pouvait être rentable et que tu pouvais arriver à
rembourser ce montant. Mais si tu avais demandé
ne serait-ce que 10 000 $ de plus, ça n'aurait pas été
possible,* ajouta-t-il.

*Et ça aurait été très dommage. Je ne sais pas si tu sais
à quel point je suis content de cette acquisition. Et si les
choses continuent d'aller aussi bien, je compte même*

rembourser plus vite que prévu. Je t'en dois une,
dit Normand, tout souriant.

*Fais tes paiements et moi aussi je serai heureux. Mais
je n'ai pas de crainte,* rajouta Émile qui s'apprêtait à
quitter.

Sur la route du retour, Émile repensa à l'invention de
Jos. Deux personnes intelligentes, un intérêt commun et
on pouvait régler un conflit.

Il avait d'ailleurs repris cette même technique avec son
jeune collègue Marc. Depuis, sans avoir toujours la
même opinion ou les mêmes solutions, ils se respectaient
et étaient capables d'apprendre l'un de l'autre.

Marie Perreault : promue !

Le nouveau produit financier créé par ARA fut mis en marché deux mois après la date prévue. Mais la publicité diffusée en attendant le lancement était si percutante que la clientèle n'avait pas déserté ARA. Au contraire : ils avaient su rassurer les clients en leur montrant que, par souci de professionnalisme ARA prendrait le temps de concevoir un produit sans faille.

Ils ne s'étaient pas trompés. Dès le lancement, les premiers résultats de vente du produit furent éloquents.

Ce succès donna un coup de pouce à la carrière de Marie Perreault qui fut nommée au poste de Première vice-présidente Innovation stratégique.

Cette dernière ne manqua pas de souligner les compétences, le professionnalisme et la capacité d'adaptation de l'équipe de projet, Jérôme Patry en tête. Une activité de reconnaissance pour ce travail mit également en lumière le travail de Danièle et Isabelle.

Marie pourra-t-elle influencer la haute direction d'ARA dans ses façons de faire ? pensa Jérôme en l'espérant de tout cœur.

Geneviève Huard : départ

Après un peu plus de six mois dans son poste de directrice au service à la clientèle, Geneviève décida de retourner à la vente. Elle ne se sentait ni à l'aise, ni heureuse dans ses nouvelles fonctions. Sa passion était de rencontrer les clients, de les conseiller.

Elle eut cependant le temps de démarrer un programme visant l'amélioration continue dans son équipe.

Élaborée par les deux professionnelles en communication, Jeannine et Sophie, ce programme comportait des activités et des outils bien ficelés et dont l'efficacité serait mesurée régulièrement.

Elles avaient très bien travaillé et leur gestionnaire, Justine St-Germain en était très satisfaite. Elle savait néanmoins que la relation entre les deux était fragile et que les faire travailler ensemble serait encore un défi.

5 ans plus tard

Jos : neurophysiologiste, antiquaire, informaticien, autodidacte, coach et formateur

L'application virtuelle de coaching RIP fonctionnait très bien. Jos développa aussi une formation sur cette technique qu'il proposa aux entreprises, avec lui comme formateur.

Il fit fureur, et ce, peu importe le domaine. En effet, sa technique, d'abord élaborée pour résoudre des conflits en entreprise, avait été adaptée aux domaines de la vente, du service à la clientèle, du développement ou du maintien de relation d'affaires.

Encore une fois, il avait perçu ce besoin. Il savait qu'il pouvait aider des personnes à communiquer intelligemment. Ce qu'il fit avec brio, améliorant au fur et à mesure son application.

Mais depuis quelques temps, il se voyait ailleurs. Être dans sa zone de confort avait généralement été inconfortable pour lui.

Pourrait-il aller plus loin ? Pourrait-il inventer une nouvelle application, de nouveaux personnages pour

131

le règlement d'autres types de conflits ? Personnels, politiques, internationaux.

Pour lui, tout être humain doté d'intelligence pouvait apprendre à communiquer de façon à éviter ou récupérer une situation conflictuelle. Il le prouvait dans ses formations, mais... le déséquilibre de certains êtres humains le rendait triste et quelque peu désespéré. Passant devant son miroir, il s'arrêta et s'autorisa enfin à utiliser une technique scientifique pour défricher la signature d'Armand :

*******R** ***es***t *****I**n*** P**ea*c*e*** !

Cher Armand... Très drôle, pensa Jos.

Armand avait volontairement mis des astérisques entre les lettres et les mots pour faire croire à une phrase. Puis il s'était assuré que les lettres autres que RIP ne pouvaient être dévoilées qu'avec un procédé de révélation utilisé par la police.

Quoi qu'il en soit, Jos restait fier du nom qu'il avait donné à son application : RIP, À la Recherche de l'Intelligence Perdue. Ce nom ne trahissait en rien l'idée d'Armand. En effet, grâce à son application, bien des personnes réussissaient à être plus en paix avec eux-mêmes et avec les autres... sans avoir besoin d'attendre le repos éternel !

Chapitre 7 :

Conclusion, en conte

Les portes du paradis. (18)

Histoire japonaise

Un samouraï se présente devant le Maître Zen Hakuin et lui demanda : « Y a-t-il réellement un paradis et un enfer ? »

- « Qui es-tu ?» demanda le maître.

- « Je suis le samouraï... »

- « Toi, un guerrier ! s'exclama Hakuin. Mais regarde-toi. Quel seigneur voudrait t'avoir à son service ? Tu as l'air d'un mendiant. »

La colère s'empara du samouraï. Il saisit son sabre et le dégaina. Hakuin poursuivit:

- « Ah bon, tu as même un sabre ? Mais tu es sûrement trop maladroit pour me couper la tête. »

Hors de lui, le samouraï leva son sabre, prêt à frapper le Maître. À ce moment celui-ci dit :

- « Ici s'ouvre les portes de l'enfer. »

Surpris par la tranquille assurance du moine, le samouraï rengaina son sabre et s'inclina.

- « Ici s'ouvrent les portes du paradis », lui dit alors le Maître.

CONCEPTS

Quand une situation de conflit se pointe, des alertes physiques, psychologiques, somatiques ou autres nous préviennent : les concepts permettent de les identifier et d'agir. Soyons vigilants !

1. Être humain : être holistique.
2. Analyse transactionnelle : tons agressifs directs ou indirects.
3. Résistance au changement : aggravée par les réussites passées.
4. Intérêt commun : dirige le conflit vers la solution.
5. Solution synergique optimale : équilibre entre deux pôles.
6. Deux compétences en jeu : contenu et relationnelle.
7. « Éloge de la fuite » : pour mieux revenir.
8. Atteinte du seuil de tolérance : différente pour chacun.
9. Lâcher prise : sur la demande, pas sur la relation.
10. Émotions opposées : report ou techniques.
11. Manipulations : conditions perdantes.
12. Ouverture : amorcée par le « OUI ».
13. Ouverture : amorcée par la reformulation.
14. Gagnant/gagnant : le tout plus grand que la somme des parties
15. Double message : semble acceptable mais tout de même agressant.
16. Repli stratégique : pour mieux revenir.
17. Principe général : évidence qui rallie.
18. Contrôle de soi : connexion entre raison et émotion.

Conception graphique :   Bernard Huot

                                         Suzanne Morel

Photo :   Sylvain Martin

CPSIA information can be obtained
at www.ICGtesting.com
Printed in the USA
LVHW05s0535270718
584967LV00009B/117/P